플래닝 제로
PLANNING 0.0

기획전문가 **허영훈** 지음

대경북스

플래닝 제로

1판 1쇄 인쇄 2024년 1월 25일
1판 1쇄 발행 2024년 1월 30일

지은이 허 영 훈

발행인 김영대
펴낸 곳 대경북스
등록번호 제 1-1003호
주소 서울시 강동구 천중로42길 45(길동 379-15) 2F
전화 (02) 485-1988, 485-2586~87
팩스 (02) 485-1488
홈페이지 http://www.dkbooks.co.kr
e-mail dkbooks@chol.com

ISBN 979-11-7168-022-1 03300

'플래닝 제로'를 펴내며

2021년 5월, '국내 최초 기획 교과서'라는 타이틀을 안고 출간한 《PLANNING 0.0》이 만 2년 만에 완판된 후, 작년 10월 '대경북스'를 만나 2쇄를 준비하게 되었다. 사실상 내용이 바뀌지 않았으니 이번 출판의 정확한 표현은 '리커버(re-cover) 판(版)'이고, 출판사의 제안으로 '플래닝 제로'라는 새로운 이름을 달게 되었다.

대경북스는 이미 2020년 인연을 맺은 출판사다. 필자가 세종특별자치시에 위치한 세종예술고등학교 초청으로 특강과 함께 기획자이자 코디네이터 역할을 맡아 약 6개월만에 완성한 프로젝트 '세종예술고 음악과 2학년 학생들에게 음악을 묻다'를 책으로 펴내는 데 가장 큰 힘이 되어준 출판사다. 늦었지만 이 자리를 빌려 대경북스에 깊은 감사의 마음을 전하고 싶다. 출판사는 사람을 맡기는 곳이 아니라 글을 맡기는 곳이다. 그 '맡음'

에 책임감이 남다른 출판사를 새 파트너로 만나게 된 것이야말로 작가로서 큰 기쁨이 아닐 수 없다.

PLANNING 0.0은 당시 시리즈 출간으로 기획되었다. 그 첫 번째 타이틀은 '세상에 없던 기획'이었다. 다음에 이어질 버전은 'PLANNING 1.0'이고 또 다른 타이틀을 가지고 2024년 여름 출간을 목표로 현재 집필 중이다. 이번 리커버 판은 1.0을 선보이기 전 0.0 버전의 영향력을 좀 더 크게 '폭발'시키기 위한 목적을 가지고 있다. 구체적으로 말하자면 0.0이 국민 모두의 '필독서'가 되었으면 하는 필자로서의 분명한 바람이 있다. 그러나 그 바람의 중심은 필자 개인의 욕심이 아닌 '사회적 과제로의 이슈화'에 있음을 밝힌다. 기획을 올바로 이해하는 것, 모든 일의 시작이 기획이어야 함을 깨닫는 것, 기획을 통해 자기 성장과 혁신을 스스로 이룰 수 있게 돕는 '지침서'가 되었으면 하는 마음이다.

이 책을 통해 우리 사회에서 가장 먼저 달라져야만 하는 사고의 방향들이 있다. '공부의 목표는 SKY 대학?', '최고의 직장은 대기업?', '최고의 직업은 의사?', '최고의 수단은 돈?', '최고의 재산은 내 집?' 등과 같은 자본주의를 핑계로 용서받으려는 사회의 어리석은 질문에 스스로 답할 수 있게 하는 것이다. 아울러 이러한 문제들을 올바로 해결할 열쇠가 바로 '기획의 비밀을 아는 것'이라고 알려주고 싶다.

필자는 《PLANNING 0.0》에 다양한 명언들을 적어놓았다. 대표적인 몇 가지만 나열하자면 다음과 같다.

사회의 모든 문제는 기획의 부재에서 비롯된다.

기획을 알면 보이고, 기획을 하면 변한다.

그것이 무엇이든 기획이 답이다.

이 중 단 하나라도 부정하는 사람이 있다면, 안타깝게도 그는 기획을 제대로 아는 사람이 아니다. 기획의 비밀은 말할 것도 없다. 거듭 강조하지만, 기획을 '잘아는 것'과, '잘 하는 것'은 분명히 다른 영역이다. 기업 대부분은 소위 '브레인(brain) 집단'인 기획 부서를 두고 있다. 그런데 그 구성원들에게 직접 물어보라. 기획이 정확히 무엇인지 말이다. 다양한 답들이 주저 없이 튀어나오긴 할 것이다. 기획이라는 '일'에 대한 경험이 많아서다. 그러나 중요한 것은 '정답'은 모른다는 것이다. 이유는 부서에서 제대로 알려주는 사람이 없기 때문이다. 그 누구도 기획을 배운 적이 없으니 당연하다. 《PLANNING 0.0》은 바로 그러한 기획의 '원천'과 '기초'를 제시한 책이다. 결국 재미나 흥행보다는 당연히 알려야 할 것들을 기록하는 것에 충실했다는 이야기다.

PLANNING 0.0을 본격적으로 집필하기 전, 6개월이 넘도록 '출판 기획' 단계를 거쳤던 기억이 난다. 가장 고민이 많았던 부분은 '쓰고 싶은 책을 쓸 것인가'와 '팔릴 책을 쓸 것인가'에 대한 방향성 문제였다. 그러나 그 고민은 그다지 길지 않았다. 기획을 제대로 이해하고 기획에 관한 책을 쓴 사람이 지금까지 없다는 것을 확인한 후였기 때문이다.

국내 어떤 교육기관도 기획을 가르치는 곳이 없다. 학문의 영역에 '企

劃學(기획학)'이 빠져있기 때문이다. 당연히 대학에도 '企劃學科(기획학과)'가 없고, 따라서 '기획'도 가르치지 않는다. 그래서 필자는 현재 '企劃學 總論(총론)'도 집필 중이다. 사업 기획, 마케팅 기획, 공연 기획, 창업 기획, 조직 기획, 혁신 기획에서부터 육아 기획, 진학 기획, 취업 기획, 은퇴 기획, 사망 기획 등 모두가 '기획학'이라는 '학문'을 기초로 해야 한다는 것이 필자의 일관된 입장이다. 기획을 잘 안 다음에 잘하자는 취지다.

필자는 지난 수년간 국내 대학 몇 곳에 기획학과 설치 및 대학 내 '기획전문가 센터' 설치를 제안했다. 그때마다 많은 박수를 받았지만 실제로 기획학과나 센터 설치를 추진한 대학은 없다. '대학 실정상'을 그 이유로 내세웠다. 당연하다고 받아들였다. 대학이 올바른 배움의 장을 만드는 것보다 생존에 더 많은 기획력을 기울이고 있다는 것을 이미 알고 있었기 때문이다. 그래서 필자는 해외로 눈을 돌렸다. 미국 하버드 대학교를 비롯한 몇몇 세계적 명성의 대학에 제안서를 보냈다. '기획학과 설치'를 검토해달라는 것이었다. 그러나 아직도 기대하는 회신은 받지 못했다. 만약 이번 《플래닝 제로》가 기대 이상의 영향력을 발휘하게 된다면 국내 대학에 '기획학과'를 설치하는 것이 보다 수월해지지 않을까 싶다.

저자 입장에서 보통은 초판 이후에 내용을 수정하거나 보완해서 '개정판'을 내는 것이 최선일 수 있다. 그러나 필자는 《PLANNING 0.0》에 대한 자부심과 자신감이 남다르다. 고민과 정성이 극대점을 찍었을 때 집필했기 때문에 책 제목만 조금 쉽게 접근하기로 했다. 그러한 기획에는 출판사의 조언이 한몫했다. 집필 기획과 마케팅 기획이 서로 조화를 이룬 덕이다.

다행스러운 것은 이번 리커버 판을 통해 중요한 내용을 포함한 곳곳의 오타를 바로 잡을 수 있었다는 점과 함께, 하는 일, 맡은 일도 더 늘어나서 저자 소개자료도 업데이트 되었다는 점이다. 참으로 감사한 일이다.

필자는 이 책, 《플래닝 제로》를 읽으려는 독자들에게 몇 가지 당부의 말을 전하고 싶다.

첫째, 그동안 읽었던 '기획' 관련 책들 속에서 과감하게 탈출하기를 당부한다. 전 세계 그 누구도 이 책에 명시된 '기획의 올바른 정의'를 언급한 사람이 없기 때문이다. 어렵더라도 필자를 믿고 따라와 주길 기대한다.

둘째, 이 책은 아주 건방진 책이다. 그 누구도 가지 않은 길을 모험과 개척으로 도달했기 때문이다. 선행이론 없이 조작적 정의와 자기 중심적 사고와 경험으로 완성되었음을 밝힌다. 간혹 거친 느낌이 들더라도 마라톤 하듯 끝까지 가보길 당부한다.

셋째, 이 책에는 [POINT(포인트)]라는 것이 곳곳에 위치하고 있다. 앞에서 읽은 내용을 반복적으로 '리마인드(remind)'시키기 위한 목적에서 '다시 앞으로 돌아가라'거나, '재차 확인하라'는 중요한 메시지를 담았다. 즉, 이 책은 '읽는 것'에 그치는 것이 아니라, 스스로 '훈련'하도록 돕는 기능이 의도적으로 포함되었다는 것을 기억하기 바란다. 다시 한번 강조한다. '기획'은 반복되는 '훈련'으로 완성된다.

"이 책 《플래닝 제로》를 필독서로 선정해주신 (주)엠스트 및 서울영재

아카데미 박재범 대표님께 깊이 감사드리며, 대학 교육 현장에서 늘 거대한 길라잡이가 되어주시는 고려사이버대학교 문화예술경영학과 이경숙 학과장님, 서울디지털대학교 문화예술경영학과 구보경 학과장님께 경의를 표합니다. 끝으로, 늘 가까이서 큰 힘이 되어주시는 세계 최정상 비보이 〈진조크루〉 김헌준 대표님께 특별한 감사의 마음을 전합니다."

2024년 1월

허영훈 드림

기획의도
(이 책을 쓰게 된 동기)

1. 기획을 올바로 아는 사람도, 제대로 가르치는 사람도 없다.

기획을 했다는 전문가들은 참 많다. 사업기획전문가, 공연기획전문가, 마케팅기획전문가, 게임기획전문가, 홍보기획전문가 등 '기획'이 들어간 전문가의 명칭들은 여기저기서 흔히 볼 수 있다. 또한 기획은 거의 모든 회사에서 최일선의 '브레인(brain)' 기능을 담당하는 조직으로 자리하고 있으며, 보통 기획팀이나 사업기획팀, 전략기획팀, 경영기획실, 전략기획실, 기획조정실 등의 이름을 달고 있다.

그럼 위에서 나열한 분야별 기획자들이나 기획부서에서 수년간 또는 수십 년간 근무한 사람들을 우리는 '기획전문가'라고 불러도 될까? 필자는 얼마 전 필자가 운영하고 있는 기획전문가 과정에 참여한 50대 초반의 모 회사 기획팀장에게 물었다. "기획이 무엇인가요?" 필자는 기획 관련 강의를 할 때 '기획의 정의'에 관해 늘 질문한다. 그 기획팀장의 답변은 이랬다. "기획이란 어떤 일을 수행하기 전에 미리 조사와 검토 등을 통해 타당성 등을 체계적으로 고민하는 것입니다."

정답에 가까운 훌륭한 대답이지만 정답은 아니다. '용어의 정의'에 접근하기 위한 방법이 처음부터 틀렸고, 내용은 분명 기획을 설명하고 있지만, 기획에 관한 온전한 정의([POINT01])는 결코 아니기 때문이다(그 이유는 이 책의 제1장 '기획의 올바른 정의'에 소개된다).

필자가 경험한 상당수 기획자들의 공통점은 불행히도 기획에 대해 '아는 척'하는 것에 머물러 있다는 것이다. 기획안을 수백 건 작성했고, 기획 회의를 수년간 이끌어왔고, 기획 관련 부서에서 책임자로 있었다는 이력 등을 근거로 기획을 충분히 알거나 경험했다고 말하는 것이다. 그러나 기획의 본질과 기능을 제대로 알지 못하면서 과거에 작성된 기획안의 숫자나 내용만 수정한 경험만을 가지고, 또는 상관이나 최고경영자가 지시한 기획 업무를 성실히 수행했다는 이력이 있다고 해서, 또는 기업의 핵심 사업을 위한 TFT(Task Force Team)에 참여했다고 해서 모두 기획전문가가 되는 것은 아니다.

일반적인 게임기획전문가 초청 강연을 생각해 보자. 물론 강사마다 강의 내용이 천차만별이겠지만 필자가 상상할 수 있는 보통 중심이 되는 강의 내용은 첫째, '게임기획이란?', 둘째, '게임기획은 어떻게 하나?', 셋째,

'게임기획자 되기', 넷째, '성공적인 게임기획은?', 다섯째, '게임기획의 전망과 미래' 정도의 내용을 분명히 담고 있을 것이다(이 정도면 상당히 준비가 잘 된 강연 자료다). 그러나 이것이 필자의 강의라면 여기에 분명 빠진 것이 있다. 바로 '게임의 정의와 이해' 그리고 '기획의 정의와 이해'가 선행되어야 한다는 점이다. 즉, 게임은 무엇이고, 기획은 무엇인지를 올바로 이해하기 전에는 '게임+기획+전문가'를 설명하는 것에 분명 무리나 한계가 있다는 것이 필자의 주된 견해다. 자, 다시 볼까? '게임기획전문가'와 '게임+기획+전문가'가 같은가?

필자는 삼성전자 반도체 기획팀 출신이다. 부서 배치 후 국내외 계약과 대외 협력 등 기획팀의 주요 기능과 업무를 수년간 경험했지만 정작 기획이 무엇인지 물어볼 기회도, 배울 기회도 없었다. 기획팀에서 일했기 때문에 관련 업무에 관해서는 자연스럽게 전문성을 확보하게 되었지만, 거기까지였다. 일련의 업무가 기획의 본질과 떨어질 수 없는 연결 고리라는 것을 알고, 매번 사고의 과정([POINT04])으로 인식하며 일을 하는 것은 쉽지 않았다. 그럼 기획전문가는 누가, 어떻게 되는 것일까? 필자는 이 질문에 대한 답에 접근하기 위해 필자의 과거 이력을 아래와 같이 거창하게 정리해보았다.

첫째, 나는 대기업 기획팀의 업무와 절차, 그리고 대기업만이 가질 수 있는 완성도 높은 시스템을 충분히 경험했기 때문에 기획의 중요성을 잘 알고 있다.
둘째, 나는 문제의 인식과 해결에 접근하기 위한 방법을 모색하는 데 가장 큰 도움이 되는 법학을 학부와 대학원을 거쳐 10년간 공부했다.

셋째, 나는 3년간의 군 복무 기간 동안 사단장 훈시문 작성과 더불어 대언론 대응과 보도자료 작성 등 공보장교 업무를 성실히 수행했다.

넷째, 나는 대기업 조직 생활을 경험한 직후 정답이 잘 보이지 않는 문화예술사업을 15년째 쉬지 않고 전개하고 있다.

필자가 여기서 주장하려고 하는 것은 사실 누구나 기획을 하며 살아왔지만(그 이유는 이 책의 제2장 '기획의 본질과 기능'에 소개된다) 어떤 교육 기관에서도 기획을 제대로 가르친 적이 없고, 기획이라는 단어가 주는 시각적 표시를 달고 있는 사람들이나 한정된 기획의 영역에 관해서만 전문가들이 있지, 정작 기획 자체를 설명할 준비가 되어 있는 사람도 없고, 설명이 잘 되어 있는 책이나 자료도 없다는 사실이다.

더불어 기획전문가는 타고난 자질과 경험, 그리고 반드시 훈련을 통해서만 완성되기 때문에(그 이유는 이 책의 제15장 '기획전문가'에 소개된다), 필자는 이와 같은 자질과 경험의 중요성을 독자들에게 전달하고 기획전문가가 되기 위해 필요한 지식과 절차 그리고 그 훈련 과정을 이 책에 소개함으로써 모든 사람이 기획전문가가 될 뿐만 아니라 다음 세대를 위한 '기획 또는 기획분야 교육자'가 되어주기를 간절히 소망할 뿐이다.

2. 온 국민이 기획을 알아야 한다.

필자의 소원은 온 국민이 기획을 올바로 이해하고 '기획 마인드'와 '기획력'을 갖추는 것이다. 특히, 청년들은 기획을 분명히 알고 있어야 한다. 어떤 일을 시작하기 전에 기획을 하면 그 일의 결과가 달라진다는 사실을 모두가 깨달아야 한다. 그런데 다행히도 기획 마인드를 갖추는 것은 전혀 어렵지 않다. 이 책을 읽고 나서 스스로 깨닫고 충분한 훈련을 하면 된다(그 방법은 이 책의 제17장 '기획의 습관'에 소개된다). 이를 위해 각급 학교 기관에 기획을 교육하고 훈련하는 과정이 어떠한 형태로든 설치되어야 한다(그 방법은 이 책의 제19장 '기획전문가 센터'에 소개된다).

3. 사회의 모든 문제는 기획의 부재에서 비롯된다.

1994년 10월 21일 오전 7시 서울시 성동구 성수동과 강남구 압구정동을 연결하는 성수대교의 상부 트러스 48m가 붕괴한 사건을 떠올려 보자. 당시 모 신문에서는 붕괴의 원인을 부실 공사, 부실 감사, 안전 검사 미흡 등 크게 세 가지로 언급했다. 다른 매체나 전문 기관에서는 그 외에도 다른 직접적이거나 간접적이 원인들을 다양하게 나열했다. 그럼 그런 원인들이 왜 생겼을까? 서술어만 제시하자면 '없었다', '부실했다', '잊었다', '미뤘다', '안 했다' 등이지 않는가? 그럼 그러한 원인이 된 경우들을 사전에 그리고 업무의 수행 과정과 평가 단계에서 정리하고, 점검하고, 확인하는 과정이 무엇인가? 바로 기획이다. '기획을 잘했다면 그러한 사건은 발생하지 않았을 것' 이것이 바로 기획의 본질과 기능을 설명하는 첫 번째 명제다. 여기에서 혹자는 이렇게 말할 수 있을 것이다.

"기획을 아무리 잘해도 계획의 실행 단계에서 여러 가지 변수와 제한

이 생기기 때문에 모든 것에 완벽히 대비하는 것은 불가능에 가깝다."

불가능에 가깝다고? 기획전문가가 듣기에는 참으로 어처구니없는 말이다. 한마디로 이야기해 기획을 모르기 때문이다. 기획을 올바로 이해하고 있지도 않으면서 습관처럼 기획안만 작성해서 보고하고 그 기획안을 분석할 줄도 모르는 책임자의 지시로 계획만 수립되었기 때문이다. 더불어 계획을 실행하는 과정에서 계속적인 기획을 하지 않았기 때문이다. 사회에서 발생하는 문제들을 근본적으로 해결하기 위해서는 반드시 기획이, 그것도 올바른 기획이 필요하다.

4. 실제보다 원칙과 이론이 더 중요하다.

우리 사회는 점점 더 이론보다 실제에 강한 사람을 찾고 있다. 이론과 실제 사이에는 큰 차이가 있고 아무리 이론을 잘 알고 있다고 하더라도 실제에 직면했을 때 이론과 달리 넘어야 하는 산이 많기 때문이다. 그럼 기획도 마찬가지일까? 기획안을 많이 작성해보거나 기획 업무에 다양한 형태로 참여한 사람이 기획을 더욱 잘 알고 잘하게 되는 것일까? '아니다' 가 정답이다.

기획을 제대로 이해하고 있다면, 기획은 실제보다 이론이 더욱 중요하다는 것을 깨닫게 된다. 최근 들어 인문학이 점점 더 힘을 얻는 이유는 '본질'이 더욱 중요하게 인식되기 때문인데 그것과 같은 맥락이다. 그래서 기획자는 더 힘들고 외로울 수밖에 없다. 이론과 그 본질을 끊임없이 좇으면서 맨 앞에서, 가장 먼저, 가장 깊게 고민하고 정리해야 하기 때문이다. 기획 이론, 즉 본질과 기능을 포함하는 기획의 원칙과 핵심을 무시한 기획안은 모래 위에 성을 쌓는 것과 다르지 않다.

예를 들어, 작년에 개최한 지역 축제가 성공적으로 마무리되었다고 가정해 보자. 그 축제의 올해 기획안은 작년 기획안을 토대로 작성하면 역시나 성공적인 축제가 될 것이라고 확신하는가? 그렇지 않다는 것이 기획의 본질이다(그 이유는 이 책의 제4장 'KASH의 법칙과 기획'에 소개된다).

5. 아직도 기획의 중요성을 모른다.

필자는 기획전문가다. 그러나 정부 공인 기획전문가 자격증은 없다. 물론 국내에는 구체적 직무와 관련한 NCS(National Competency Standard / 국가직무능력표준) 기반의 게임기획전문가 등 공신력 있는 기획 관련 자격증이 있기는 하다. 업무 중심의 자격 표준을 제시하고 산업현장에서 성공적인 업무 수행을 유도하는 목적에서 만들어진 자격증 제도다. 그렇다 보니 평생 교육원과 같은 사회 교육 시설도 사회생활에 실질적 도움이 될 것이라고 믿는 공인 자격증 프로그램에 여전히 집중하고 있다. 이를 바라보는 각급 학교와 교육 기관 역시 자격증 보유자의 숫자를 늘리기 위해 꾸준히 노력하고 있는 것을 엿볼 수 있다. 물론, 각 교육 기관마다 별도의 교양 과정을 전문 분야 교육과 병행하여 운영하고 있다. 문제는 전문 분야(업무 중심)와 교양 분야(가치 중심)를 분리하는 데 있다. 일을 잘하기 위한, 또한 문제를 해결하기 위한 출발점이 기획이고, 본질과 가치를 중요시하는 것이 기획의 핵심인데, 사실상 교육 기관들은 여전히 기획 중심의 교육 과정 설치에 대한 필요성과 그 중요성을 모르고 있다.

필자는 지난 3년 동안 기획재정부, 교육부 등 정부 기관과 더불어 주요 대학에 기획전문가 과정을 4년간 교양 필수로 개설할 것을 꾸준히 제안해왔다. 최근에는 대학 내 '기획전문가 센터' 설치를 대학에 제안하기도 했다(그 제안 내용에 관해서는 이 책의 제19장 '기획전문가 센터'에 소개된다). 그러나 대학의 극히 일부 교수들을 제외하고는 아직 기획전문가 과정 개설의 필요성을 인정하는 대학이나 교육 기관은 안타깝게도 찾을 수가 없다. 그래서 필자는 기획의 중요성을 공론화하기 위해 이 책을 쓰게 된 것이다.

6. 문제 해결의 만능열쇠인 '기획'은 돈 없이도 살 수 있다.

어떤 자물쇠도 열 수 있는 것을 흔히 만능열쇠라 부른다. 어떤 일을 시작하거나 어떤 문제를 해결하고자 할 때 직면하게 되는 모든 고민들을 제일 먼저 해소해 줄 수 있는 만능열쇠는 바로 기획이다. 그 기획을 돈없이도 살 수 있다면 서둘러 내 것으로 만들어야 하지 않을까?

이 책에는 '반드시 알아야 할 기획의 모든 것'이 충분히 녹아있다. 이 책 속에 담겨있는 지식과 정보 그리고 그 핵심 가치를 담을 마음의 그릇만 준비되어 있다면 얼마든지 스스로의 습관과 훈련을 통해 자기 것으로 만들 수 있다. 그것이 이 책이 가진 비밀이고 핵심 가치다.

이 책을 다 읽고도 옆에 늘 두고 볼 수 있다면 그때그때 필요한 열쇠를 갖게 되는 것이고, 이 책에서 제시하는 훈련을 단계별로 잘 소화할 수 있다면 필자를 대신할 만큼의 기획전문가로 성장할 수 있다. 이렇듯 기획을 알고 기획력을 갖추는 데에는 돈도, 힘도 들지도 않는다. 그런 좋은 기회는 빨리 가질수록 좋다. 공인된 자격증을 주지 않는다고 해서 평생 사용이 가능한 만능열쇠를 포기할 것인가?

7. 그런데 왜 '0.0'인가?

'마케팅의 창시자'로 불리는 필립 코틀러(Philip Kotler) 박사는 '세계에서 가장 영향력 있는 비즈니스 구루(Guru: '전문가'를 말함)'로 뽑힌 인물이다. 그는 시장의 대변혁을 풀이한 마케팅 교과서인 'Market 1.0'을 시작으로 완결판인 'Market 5.0'을 최근 국내에 소개하면서 전 세계에 마케팅 가이드라인을 제시해왔다.

'Market 1.0'은 '제품 중심', '2.0'은 '소비자 중심', '3.0'은 '인간 중심'의 마케팅 환경을, '4.0'은 '인터넷과 모바일 환경이 우리 삶에 깊이 개입하면서 생긴 시장, 고객 그리고 마케팅 환경의 변화'를, 그리고 '5.0'에서는 '휴머니티를 위한 기술의 변화'를 강조했다.

필자는 코틀러 박사처럼 유명하거나 영향력 있는 인물은 결코 아니다. 그러나 어떤 현상이나 이론에 대한 '발견-분석-정리-발표'의 관점에서 보면 기획에 관해서는 코틀러 박사가 'Market' 버전을 발표할 때의 그 분석 과정과 노력에 견주어 볼 때 결코 뒤지지 않는다는 확신에서 출발한다. 참으로 건방진 생각이다. 그러나 코틀러 박사가 전 세계 마켓을 정리할 수 있는 인물이라면, 대한민국의 기획전문가 허영훈은 전 세계 기획을 정리할 수 있는 최초의 인물로 조명될 수 있을 것이다. 그것이 불가능하다는 생각은 단 한 번도 해본 적이 없다.

그래서 'Market 1.0'과 같이 '올바른 기획'에 관한 최초 이론으로 'PLANING 0.0'이라는 이름을 붙였다. 기획을 설명하는 유일한 교과서 내지는 기획의 가이드라인으로 불러도 좋다. 이제 코틀러 박사가 5.0을 발표했으니 필자 역시 조만간 차기 버전 집필을 준비해야 할 것 같다. 마케팅 이론이 선진국에서 출발했다면, 이제 기획 이론은 한국이 중심이 되도록 하는 것, 그것이 이 책이 추구하는 가장 큰 지향점이라고 할 수 있다.

8. 대한민국 국민 모두가 '기획전문가'가 되기를 기대한다.

"요즘 경기가 너무 안 좋아요", "장사가 너무 안 됩니다", "이직을 준비하고 있어요", "취업하려고 하는데 막막합니다", "정년퇴직을 앞두고 있는데 걱정이네요", "이번 농사는 망쳤습니다", "군 전역하고 뭘 해야 할지 모르겠습니다", "우리 아이가 대학을 안 가겠다고 하네요", "음대를 졸업했는데, 꼭 유학을 가야 하나요?", "사교육비가 너무 많이 듭니다", "창업을 하려고 하는데 뭐가 좋을까요?", "COVID19의 위기를 어떻게 극복해야 할까요?"

우리 주위에서 쉽게 들을 수 있는 고민들이다. 여러분이 이런 상황에 직면해 있다면 어떻게 하겠는가? 주위 경험자들에게 조언을 구한다? 기관이나 지역에서 홍보하는 교육 프로그램에 참여한다? 필자는 방향을 고민하기 전에 스스로 기획을 먼저 하라고 진지하게 권하고 싶다. 어떤 일이든, 어떤 문제든, 스스로 기획할 수 있는 능력만 있다면 그 고민에 대한 해답은 여러분 스스로가 찾게 될 것이기 때문이다. '자기소개서'를 가장 잘 작성할 수 있는 사람은 인사 전문가가 아닌 자기 스스로인 것처럼. 이점을 필자는 재차 강조하고 싶다. 또 하나의 분명한 사실은 그 능력을 갖추는 것이 어렵지 않다는 것이다(그 이유는 이 책의 제12장 '기획의 시작'에 소개된다).

9. 기획을 알면 보이고 기획을 하면 변한다.

기획을 안다는 것은 무엇을 의미하는 것일까? 기획은 그 절차와 방법에 따라 차근차근 수행해야 한다. 지식과 정보를 확보하는 것이 첫 번째 과제다. '나'의 문제를 해결하려고 할 때 또는 '나'의 목표를 달성하기 위한 계획을 수립하려고 할 때 가장 먼저 해야 할 것이 바로 '나'에 대한 지식과 정보를 충분히 확보하는 것이다. 결국 스스로를 위한 기획을 하게 되면 내가 누구인지, 내가 어떤 사람인지, 무엇을 하고 싶은 것인지, 무엇이 문제인지, 무엇을 꿈꾸고 있는지를 구체적으로 정리하고 분석할 수 있기 때문에 그동안 아무 생각 없이 지나쳐온 나를 돌아보게 되고 스스로 평가하게 된다. 내가 누구인지를 조심스럽게 인지하게 되는 것이다.

그다음 기획의 절차를 순서대로 수행하다 보면 그동안 찾지 못했던, 바꾸지 못했던, 기다리지 못했던 내 자신이 목표를 향해 서서히 변해가고 있는 것을 지속적으로 발견하게 된다(그 이유는 이 책의 제4장 'KASH의 법칙과 기획' 에 소개된다).

10. 기획의 습관만이 살길이다.

'세 살 버릇 여든까지 간다'는 속담이 있다. 좋은 습관이 좋은 사람을 만든다는 뜻이고 나쁜 습관이 나쁜 사람을 만든다는 뜻이다. 그럼 기획하는 습관이 어렸을 때부터 몸에 배어 있다면 어떨까? 아침에는 오늘을 기획하고, 저녁에는 내일을 기획하고, 이번 주말에는 다음 주를 기획하고, 이번 달 말에는 다음 달을 기획하고, 올해 말에는 내년을 기획하고, 그러다가 나중에는 은퇴를 기획하고, 사망을 기획(이 책의 제16장 '사망기획'에서 설명된다)하고……. 삶 속에서 만나는 모든 순간들을 앞서서 기획할 수 있다면 그 삶이 더욱 풍요로워지거나 겪게 되는 고통의 무게를 조금은 줄일 수 있지 않을까?

초등학교 6학년 겨울 방학에 중학교 3년을 기획하고, 중학교 3학년 겨울 방학에 고등학교 3년을 기획하고, 고등학교 3학년 겨울 방학에 대학교 4년을 기획하고, 대학교 4학년 겨울 방학에 사회생활을 기획할 수 있다면 다른 사람과의 경쟁에서 그리고 무엇보다 본인과의 싸움에서 이길 확률이 더 높아지지 않겠는가(그 이유는 이 책의 제17장 '기획의 습관'에 소개된다)? 어리다는 이유로, 학생이라는 핑계로 스스로의 미래를 '엄마'라는 매니저에게 고민 없이 맡기는 일은 없어져야 하지 않을까?

11. 아주 이기적인 기획?

필자가 본래 이 책을 쓰기 시작할 때 지은 책 제목은 '아주 이기적인 기획'이었다. 기획과 관련된 다른 책이나 논문, 발표 자료 등은 거의 참조하지 않았다. 물론, 기획의 중요성과 흡사한 주장이 담긴 책들은 적지 않게 읽었다. 대표적으로는 현대경영학의 창시자라고 불리는 '피터 F. 드러커' 박사의 책을 집중적으로 읽었다. 그러니까 필자가 직접 경험하고 세운 철학, 지식, 정보, 경험, 사례 분석 등을 토대로 작성했다는 의미다. 논문 등 표절 시비로 늘 시끄러운 요즘, 이론을 스스로 만드는 것만큼 가치 있는 일은 없다고 확신했다.

분명히 밝히건대 이 책은 필자의 아주 이기적인 생각들을 담았다. 이론적 근거나 선행 연구가 아무리 부족하다 하더라도 새로운 이론에 대다수가 공감할 만한 구석이 있다면 나름대로 가치 있는 작업이 아니겠는가?

12. 책 본문의 [POINT]를 잘 숙지해야 한다.

앞에서 살짝 만났듯이 이 책에는 [POINT]^(포인트)라는 것이 번호로 제시되어 있는데, 각각의 포인트가 어디에 있는지 체크하며 읽을 것을 권한다. 필요할 때마다 제시된 포인트로 수시로 옮겨 다니는 것이 이 책의 구성상 주된 특징이다. 포인트를 만든 이유는 간단하다. 포인트를 따라 수십 번 반복해서 이 책을 읽다 보면 자연스럽게 스스로 기획의 습관을 위한 훈련을 할 수 있기 때문이다.

13. 대학에서 교양 과목 교재로 활용되기를 기대한다.

이 책이 고등학생 필독서로 그리고 전국의 대학에서 교양 과목 교재로 적극 활용되기를 기대한다. 정부나 지자체, 기업 임직원들이 읽으면 더욱 좋다. 물론 이 책에 관한 내용을 충분히 설명하고 학생들에게 올바로 전달할 수 있는 사람은 당연히 필자밖에 없다. 방법은 세 가지다. 필자를 초청해서 강의를 듣거나, 교수로 채용하거나, 기관이나 조직에서 강의할 수 있는 적임자를 필자가 운영하고 있는 '기획전문가 과정' 강사반으로 보내서 이 책을 교재로 가르칠 능력을 갖추게 하는 것이다. 선택은 여러분의 몫이지만 필자의 몸은 하나라는 것을 꼭 기억하기 바란다.

14. 논문의 선행 연구 자료가 되기를 기대한다.

이 책이 학위 논문이나 학술지 논문 작성을 위한 선행 연구 자료로 활발히 활용되기를 바란다. 정치, 경제, 사회, 교육, 문화 할 것 없이 문제의 제기나 목표 달성을 위한 주장을 논문으로 전개하고자 할 때 이 책에 담긴 여러 이론과 주장들을 적극 인용하길 바란다. 특히, 경영학, 정치학, 교육학, 문화 예술학 등의 분야에서 자주 다루었으면 하는 바람이다.

본문 목차

표 목차

표 목차

※ 본 책에서 [POINT]는 '머물렀던 그 자리'를 의미한다. keyword를 통한 반복적 사고를 가능하게 하는 목적을 가지고 있으며, [POINT]를 따라 수시로 이동하면서 기획을 자신만의 key로 만드는 훈련 효과를 거둘 수 있다.[1]

[POINT01] 온전한 정의

[POINT02] '바라는 것을 새기는 것'

[POINT03] '계획(plan)을 두고 계속해서 ing 하는 것'

[POINT04] '사고(생각)를 과정화하는 것'

[POINT05] '앞서서 충분히 생각하는 것'

[POINT06] '기획과 계획의 차이'

[POINT07] '기획의 체험'

[POINT08] '핵심 가치'

[POINT09] '백지'

[POINT10] '연구'

[POINT11] '점화'

[POINT12] '분류'

[POINT13] '임무'

---

1) [POINT]에 따라 설명이 있는 경우도 있고, 없는 경우도 있으며, 순서가 바뀐 경우도 있다. 훈련을 위해 필자가 기획한 방법이다.

PLANNING

제1장
기획의 올바른 정의

1. 기획(企劃)의 뜻

표준국어대사전에서 '기획'을 검색해 보면 '일을 꾀하여 계획함'이란 정의를 만날 수 있다. 하지만 '기획'은 한자이고, 한자는 뜻글자이기 때문에 국어사전 검색에 앞서 먼저 그 뜻을 살펴보는 것이 우선이다.

기획을 한자로 쓰면 '企劃'이다. 여기서 '企'는 '꾀하다', '기대하다', '바라다'라는 뜻을 가지고 있고 '劃'은 '긋다', '나누다', '새기다'라는 뜻을 가지고 있다. 이러한 한자의 뜻을 모아 필자가 정의(조작적 정의)한 '기획'은 여러 가지 뜻 중에서 '바랄 기'와 '새길 획'을 합쳐서 '바라는 것을 새기다'라는 뜻으로 그 해석이 완성된다. 즉, '기획'이란 '바라는 것을 새기는 것'이다.

企劃

企劃(기획): 바랄 '企(기)' + 새길 '劃(획)' = '바라는 것을 새기다'

즉, '기획'은 '바라는 것을 새기는 것'이다.

[POINT02] '바라는 것을 새기는 것'

여기서 각각의 한자를 더욱 자세히 살펴보면, 企(기)는 '人(인)'部와 발 '止(지)'의 합자(合字)며, 이를 풀이하면 '발돋움하여 멀리 바라본다'는 뜻을 가지고 있다. 劃(획)은 뜻을 나타내는 '刂(서 칼도방)' 部와 畵(음)을 나타내는 동시에 '자국을 내다'라는 뜻을 나타내는 글자 '畫(획)'으로 완성되어 '칼자국을 내서 나누다'라는 뜻을 가지고 있는데, '劃(획)'자만을 풀이하면 轉(전)하여 區分(구분)한다는 의미를 지니고 있다. 결국 '企劃(기획)'이라는 단어를 한자 그대로 정성스럽게 풀이하면 '기획은 사람이 발돋움하여 멀리 바라보는 것을 전하여 잘 나눈다'는 의미로 완전하게 해석될 수 있다. 결국 [POINT01]에 명시된 '온전한 정의'라고 하는 것은 단어 그 자체의 언어적 또는 사전적 해석을 의미한다.

이제 기획의 정의를 이해했으니 주변 단어들을 이해하는 것은 더욱 수월해진다. 기획력? 그것은 바로 '바라는 것을 새기는 능력'을 말하는 것이고, 기획력이 뛰어나다고 하는 것은 바라고 새기는 능력이 뛰어나다는 것을 의미한다. 예를 들어, 전략기획팀은 '전략적으로 바라는 것을 새기는 일을 하는 팀'을 말하며, 기획조정실은 '바라는 것을 새기는 일을 조정하는 곳'으로 해석하면 틀림없다.

2. planning(기획)의 뜻

자, 이제 기획이란 뜻을 더욱 폭넓게 이해하기 위해 영문으로 그 의미를 살펴보겠다. 기획, 즉 'planning'에 대한 설명은 아래와 같다.

"Planning(sometimes forethought)

is the process of thinking

about the activities required to achieve a goal.

This includes the creation and maintenance of a plan."

이를 해석하면, 'planning(때로는 'forethought')이란, 어떤 목적(goal)을 달성하기 위해 요구되는(required to achieve) 행위들(activities)에 관한 사고의 과정(process of thinking)'을 말한다. 여기서 정의하는 기획은 '창조(creation)'와 '유지(maintenance)'를 포함한다.'

참으로 한자만큼이나 기가 막힐 정도의 훌륭한 해석이다. 여기서 keyword(키워드)만 분리해 보자. '사고', '과정', '목적', '달성', '요구', '행위', '창조', '유지' 등이다.

사실 필자는 여기서 놀라지 않을 수가 없다. 이 키워드들만으로도 충분히 기획을 설명할 수 있고, 기획을 할 수 있기 때문이다. 예를 들어, '제1회 대한민국 한마음 축제' 기획안을 작성한다고 가정해 보자. 그 축제의 목적은 무엇이며 목적 달성의 근거가 되는 결과물들은 무엇인가? 축제 개최를 위해 필요한 행위들은? 어떤 과정을 거쳐서 추진해야 할 것인가? 목적 달성을 위해 요구되는 것들은 무엇인가? 창조적인 아이디어를 어떤 부분에 어떻게 심을 것인가? 지속적인 개최를 위해 어떤 것들을 생각해야 할 것인가? 등의 고민이 결국 훌륭한 기획안을 만드는 철저한 준비 과정에 속하기 때문이다.

그럼 위에서 설명한 '기획'의 정의를 다시 세 가지로 정리해서 살펴보자.

첫째, 'planning'이다.

Planning
'계획(plan)을 두고 계속해서 ing 하는 것'
[POINT03] '계획(plan)을 두고 계속해서 ing 하는 것'

'plan'은 계획을 뜻하며, 계획의 사전적 의미는 '앞으로 할 일의 절차, 방법, 규모 따위를 미리 헤아려 작정함 또는 그 내용'을 말한다. 그럼 plan을 'ing' 하는 것은 무엇을 말하는 것인가? 위의 정의에 따르면 앞으로 할 일의 절차, 방법, 규모 따위를 계속해서 쉬지 않고 점검하고, 시험해 보고, 만들어 보고, 평가해 보고, 작정하는 일련의 작업을 말한다.

즉, planning(기획)이라고 하는 것은 계획을 실행할 때 미리 정리(list up)된 순서나 일정에 따라 '그대로만' 진행하는 것이 아니라 진행하는 순간과 그 과정에서도 계속 '돌려보는 것(playing, reviewing, evaluating, etc)'을 말한다. 결국 기획이라고 하는 것은 모든 과제와 절차가 다 준비되었다고 하더라도 진행 과정 또는 평가 과정에서 반드시 수정을 요하거나 변경이 필요하거나 또는 업그레이드(upgrade) 등을 해야 하는 작업들이 끝임없이 나타난다는 것을 인정하고 그에 대비해야 한다는 것을 의미한다.

둘째, 'process of thinking'이다.

Process of thinking
'사고(생각)를 과정화하는 것'
[POINT04] '사고(생각)를 과정화하는 것'

'Process of thinking'을 우리말로 번역하면 '사고(생각)의 과정'이다. 그러면 기획(planning)을 사고의 과정으로 설명해 보자. 앞서 설명한 'plan'에 'ing'가 붙은 planning이 기획을 하면서 겪게 되는 어떤 '현상'이라고 한다면, 사고의 과정은 그러한 현상을 보다 체계적으로 보이도록 정리하는 것이라고 설명할 수 있다.

즉, 무분별하게 생각을 늘어놓는다거나 가능한 많은 아이디어를 쏟아내는 것에만 몰두하는 것('brain storming(브레인스토밍)' 방식이 그 예다)이 아니라 미리 정해진 방식에 따라 또는 상황에 따라 정해지는 규칙에 맞춰서 생각을 정리해나가는 과정을 의미한다.

서점에 잘 진열된 책장을 연상하면 더욱 이해하기 쉽다. 아무리 책이

많아도 미리 정해진 규칙, 즉, 정치, 경제, 사회, 교육, 예술, 언어 등 분야
별 구역(section)을 미리 정해놓고 그 속에서 다시 세분화 작업을 거친 후
가나다 순 또는 ABC 순으로 책을 정리해놓은 모습을 떠올리면 된다.

자, 여러분이 서점에 갔다고 가정하자. 그 많은 책들 중에 여러분이 구
입하고자 하는 책을 어떻게 찾을 것인가? 그렇다. 바로 서점 내에 비치된
컴퓨터를 이용해 '검색'이라는 것을 하게 된다. 도서명, 작가명 또는 여러
주변 키워드를 통해 검색하면 검색어와 관련 있는 책들의 리스트가 보이
고, 그중에서 찾고자 했던 책을 찾아서 클릭하면 어느 구역, 어느 부분의
몇 번째 칸에 그 책이 있는지 쉽게 찾을 수 있다. 결국 '책을 정리하는 것'
과 '정리된 책을 찾는 것' 간의 과정(process)이 바로 사고의 과정이라고 할
수 있다. 정리만 잘하는 것은 완전한 기획이 아니다. 언제, 어디서든 필요
한 자료를 쉽게 찾을 수 있는 것이 기획이다.

지금 여러분 컴퓨터의 폴더를 열어보자. 원하는 자료를 한 번에 쉽
게 찾을 수 있는가? 만약 '어느 폴더에 있더라?' 이렇게 고민하게 된다면
'process of thinking'을 충분히 거치지 않은 결과라는 것을 인정해야 한다.

셋째, 'forethought'다.

Forethought

'앞서서 충분히 생각하는 것'

[POINT05] '앞서서 충분히 생각하는 것'

'forethought'의 'fore'는 전치사로 '이전의' '앞선' 등의 뜻을 가지고 있으며, 'thought'는 사고(생각)를 의미한다. 결국 'forethought'는 '사전 숙고'를 말하며, 풀어서 설명하면 '앞서서 미리 충분히 생각하는 것'이 된다.

필자는 이 단어가 기획의 모든 내용을 함축해서 설명하는 가장 의미있는 단어 중 하나라고 생각한다. 위에서 제시한 예를 일부 인용해서 '제1회 ○○시 한마음 축제'라는 가상의 지역 축제를 떠올려보자. 시장이 퇴근하면서 주무부서인 문화예술과 나기획 과장에게 이렇게 지시한다.

"나 과장, 다음 달에 제1회 ○○시 한마음 축제 기획안 좀 봅시다."

'아, 맞다. 얼마 전 시장님이 이번에 신규 편성된 예산으로 내년 여름 그 축제를 개최한다고 하셨지? 어떻게 하지? 지역에서는 처음 하는 축제인데….'

자, 그럼 이제 무엇부터 시작해야 할까? 앞선 기획의 정의와 그 키워드들이 생각나는가? 그럼 그중에 'forethought'를 떠올려보자.

제1회 ○○시 한마음 축제? 무엇부터 시작할까?

간단하다. 눈을 감고 그 현장을 가는 것이다. 축제 장소에 도착했나? 뭐가 보이는가? 아, 개회식이 시작되기 직전이라고? 보이는 것들을 모두 나열해 보자. 야외, 강변, 무대, 사람들, 수백 개가 넘는 의자들, 대형 풍선, 방송 차량, 흰색 천막들, 연예인 차량들……. 좀 더 위에서 내려다 보자. 뭐가 보이는가? 더 이상 공간이 없어 보이는 주차장, 막히는 주변 도로, 푸드 트럭, 경찰, 현수막, 쓰레기장, 안내 센터, 자원봉사자…….

그럼 다시 지금까지 본 것들을 더 자세히 들여다보자. 무대 위에는 뭐가 보이나? 시장님과 내빈들, 아, 축사할 분들도 대기하고 있고, 지역 군악대가 무대에 올라와 있고, 사회자와 단상이 보이고, 다양한 조명과 음향 장비들도 보이고, 멋진 back wall도 한 눈에 들어온다. 그럼 다음에는 무대 뒤로 가볼까? 천막으로 되어있는 대기실이 보이고, 대기실 앞에는 cue sheet(큐시트)도 붙어있고, 의상을 들고 이동하는 매니저들도 눈에 띈다.

이렇게 눈에 보이는 것들을 빠짐없이 나열해 보자. 가능하다면 부서원 모두와 함께 말이다. 주어진 시간 안에 어떤 부서원은 100개 정도를 썼을 것이고, 어떤 부서원은 300개를 넘게 쓴 반면 어떤 부서원은 50개도 쓰지 못했다. 그 이유는 무엇일까? 그동안 살면서 체험한 각자의 여러 상황들과 함께 실제 축제장에 다녀온 경험과 기억들의 작용 정도가 각각 다르게 반응하기 때문이다([POINT07] '기획의 체험').

만약 여러분이 위의 두 가지(한자 企劃의 뜻과 영어 단어 planning의 뜻)의미를 충분히 이해한 후 그 내용을 실행으로 옮길 수 있는 충분한 의지가 있다면 이미 기획은 시작된 것이다.

3. 새기는 것

기획의 정의에 따라 '바라는 것을 새기는 작업'은 다양한 형태로 나타날 수 있는데 이 부분에서 그냥 지나쳐서는 안 되는 것이 있다. 바로 '바라는 것'과 '새기는 것'의 충분한 이해다.

여러분은 상대방에게 바라는 것을 충분히 전달할 수 있는가? 만약 바라는 것을 스스로도 잘 모른다거나 잘 표현하지 못한다면 어떻게 될까? 상대방은 그 바람을 잘못 이해할 수도 있고 아예 모를 수도 있다. 따라서 기획을 시작할 때 반드시 거쳐야 하는 것이 바로 '진짜 바라는 것이 무엇인지를 확인하는 것'이다. 필자는 이것을 'core value(핵심 가치)'라고 말한다.

이 일을 통해서 기쁨을 얻는 것이 궁극의 목적인지, 아니면 많은 사람들에게 이 일을 알리려고 하는 것인지, 아니면 이 일로 많은 돈을 벌려고 하는 것인지가 분명해야 다음 작업인 '새기는 것'이 가능하기 때문이다. 앞서 설명한 '새기다'의 의미를 가진 '劃(획)' 자를 자세히 들여다 보면 글씨도 있고, 그림도 있고, 표도 있다. 그럼 새기는 것을 잘 한다는 것은 듣거나, 보거나, 느끼거나, 상상하는 것들을 필요에 따라 글로 정리(요약, 함축, 나열, 서술 등)하거나 그림으로 표현(선, 면, 도형, 그래프 등)하거나 또는 한눈에 보고 비교하기 수월한 표로 정리하는 것을 의미한다. 그럼 새기는 행위는 왜 필요하며 어떤 효과를 가져다주는가? 필자는 다음과 같이 네 가지로 그 이유와 효과를 설명한다.

첫째, 논의나 방향의 '근거'가 된다.
둘째, 지속적 검토가 가능한 '분석 자료'가 된다.
셋째, 시행착오를 줄이는 '데이터'가 된다.
넷째, 중요 사항과 일의 순서를 정하는 '매뉴얼'이 된다.

이를 요약하면 결국 바라는 것이 무엇인지 확실해야 그다음 작업으로

새기는 것이 가능하다는 것이고, 잘 새긴다면 그 바라는 것을 달성하는
데 결정적인 도움이 된다는 것을 의미한다.

4. '기획'과 '계획'의 차이

위 [POINT03]에서 기획의 또 다른 의미를 '계획(plan)을 두고 계속해서
ing 하는 것'이라고 정의했다. 그럼 기획과 계획은 어떻게 다른가?

기획자는 그 차이를 분명히 알아야만 하고, 조직 전체가 그 차이를 분
명하게 인식할 수 있도록 필요한 조치를 취해야만 한다.
이미 살펴본 '계획(計劃)'의 사전적 의미를 다시 들여다 보자.

앞으로 할 일의 절차, 방법, 규모 따위를 미리 헤아려 작정함.
또는 그 내용

이를 다시 정리하면 '어떤 일에 대한 절차나 방법이나 규모 등을 미리
내용으로 정리한 것'으로 요약할 수 있다. 여기서 핵심은 '일'과 '내용'이
다. 즉, 어떤 일이나 과제를 해결하기 위해 필요한 것(내용)들을 미리 정리
(list up)하는 것을 말한다. 언뜻 보면 [POINT02]의 기획의 올바른 정의인
'바라는 것을 새기는 것'과 비슷해 보인다.

'새기는 것'과 '정리하는 것'은 같은 의미로 해석할 수 있다. 그러나 여
기에는 결정적인 차이가 있다. 기획의 '바라는 것'은 계획의 '일'의 범주를

넘어서는, 상상할 수 없을 만큼 큰 영역이라는 점이다. 다시 말하면, 계획은 '일'과 관련해서만 바라는 것을 새기는 것이며, 기획은 '일'뿐만 아니라 일을 둘러싼 모든 것들에 대해 '바라는 것을 새기는 것'을 의미한다.

이해하기 어려운가? 그럼 아래 그림을 살펴보자.

〈그림 01〉 기획(planning)과 계획(plan)의 차이
[POINT06] '기획과 계획의 차이'

위 그림을 보면, 우선 파란색 영역이 '계획'임을 설명하고 있다. 통상 우리가 계획을 수립한다고 할 때는 어떤 일이나 업무를 수행하기 위한 A부터 Z까지를 정리하는 것을 말한다.

아래는 옛 시절 방학을 앞두고 반드시 숙제로 제출해야만 했던 생활계획표의 한 예다(지금 초등학교에서도 같은 숙제가 있는지는 잘 모르겠다).

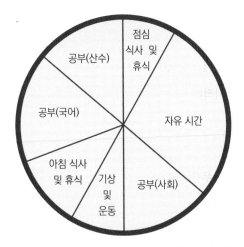

〈그림 02〉 과거 초등학교 방학 중 생활 계획표(예시)

초등학교 시절, 우리는 위와 같은 표에 방학 중 매일 해야 할 일을 시간으로 구분해 정리했다. 당시 초등학교를 다닌 사람들은 옛 추억과도 같은 그림이자 어떻게 보면 스스로 작성한 첫 계획서라고 할 수도 있다.

그런데 이와 같은 계획표는 무엇이 문제일까? 아마 성인이 되어 이 계획표를 다시 본다면 무슨 생각이 들까?

공통점은 '큰 고민 없이 작성한 계획표'가 아닐까? 아마도 오늘날 대부분의 사람들은 이런 획일적인 계획표에 대해 많은 문제를 제기하게 될 것이다. 만약 위 생활 계획표와 같이 자신의 인생을 설계하거나 사업 계획을 수립한다면 어떻게 되겠는가? 분명 큰 문제와 위험이 계속해서 발생할 것이다.

〈그림 01〉에서 계획은 〈그림 02〉의 생활 계획표보다는 물론 고차원적일 것이다. 그러나 기획을 알지 못하거나 알면서도 실천하지 않는 담당자가 작성한 계획서 역시 앞서 언급한 '큰 고민 없이 작성한 계획'과 큰 차이가 없다는 점을 지적하고 싶다.

다시 〈그림 01〉을 살펴보자.

어떤 일이나 업무를 수행하기 위한 일이나 과제를 A부터 Z까지 정리한 것이 '계획'이라면 기획은 A 전 단계(before A)와 Z 다음 단계(after Z)를 모두 포함한다.

'결혼 준비'를 예로 들어보자. [POINT15] '서클의 확장'을 활용하면 이해가 더 쉬워진다. 결혼을 위해 필요한 것들을 A부터 Z까지 적어보자.

A. 결혼식장

B. 신혼여행

C. 스튜디오(헤어 & 메이크업)

D. 드레스 & 턱시도

E. 사진

F. 예물

G. 집

H. 주례

I. ......

보통의 사람들은 아마 이런 식으로 나열하고 결혼을 준비해 나갈 것이다. 그러나 위 질문을 다시 들여다보자. 분명 '결혼을 위해 필요한 것들'이라고 했다. 결혼을 위해 필요한 것들이 비단 '보이는 것'이나 '돈이 들어가는 것'에 머무는가? 당연히 아니다. 결혼 준비를 위한 중요한 것들을 나열해 본다면, '결혼에 대한 이해', '신랑·신부의 마음가짐', '배우자에 대한 이해', '부모님의 마음', '재정 상태 파악', '결혼식 절차', '초대할 친구나 지인들', '배우자에 대한 약속', '결혼 후 생활 수칙', '출산 계획' '자녀 육성 방법' '신혼부부에 대한 정부나 지자체 지원 정책' 등 수없이 많을 것이다.

더 쉬운 예를 들어보자. 한 고등학교 2학년 학생이 '기말고사 준비를 위해 가장 필요한 것들'을 나열한다면? 만약 '학원 등록', '문제집 구입', '노트 정리', '진도 정리', '과목별 예상 문제 도출', '모의고사 실시' 등 을 적었다면 그것 역시 A부터 Z까지의 계획을 수립한 것에 머물게 된다.

그럼 기획자 시각에서 다시 before A와 after Z를 적어볼까?

before A:

현재 나의 건강 상태, 현재 나의 평균 성적, 기말고사에 대한 이해, 중간고사 대비 성적 향상의 가능성, 부모님의 재정 상태, 경쟁자 현황, 학원에 대한 평가 등

after Z:

채점 결과 분석, 정답 및 오답 분석, 개선 방안 수립, 새로운 문제집 구입 검토, 경쟁자들의 성적 변화 분석, 부모님과 상의 등 어떻게 보면 조금 '과장'되었다는 느낌이 들 수도 있을 것이다. 그러나 여기서 중요한 것은

'최대한 많은 것들을 고민하고 있는가'다.

보통의 기업에서 '기획부서'의 역할은 무엇일까? 조사, 중장기 사업기획, 경쟁사 분석, 대외 협력, 법무 등이 주된 업무의 영역이다. 이러한 역할은 무엇을 위한 것일까? 정답은 [POINT02]에 명시된 바와 같이 '바라는 것을 새기는 것'이다. 사업의 핵심 가치를 찾기 위해, 기업이 돈을 잘 벌기 위해, 위험 요소를 사전에 제거하기 위해, 시장 상황을 올바로 파악하기 위해, 경쟁사 동향을 알아보기 위해, 현재 기업의 대내외 환경을 체크하기 위해, 사업 진행 시 발생할 수 있는 변수들을 미리 고민해 보기 위해 필요한 자료들을 확보하고, 비교하고, 검토하고 공부하면서 기획안을 작성하고 보고서를 제출하고 회의를 소집하는 것이다. 이와 같은 기획팀의 '새기는 작업'이 정직하고 올바르고 성실한 과정을 거쳐 완성되었다면 그 사업은 아마도 성공으로 갈 확률이 대단히 높아질 것이다.

이러한 기획과 계획의 차이를 스스로가 분명하게 인식하고 평상시 계획을 수립할 때 before A와 after Z를 항상 고려해서 올바른 기획안을 작성한다면 공부를 하거나, 전공을 선택하거나, 유학을 결정하거나, 취업을 준비하거나, 창업을 결심하거나, 자녀를 교육하거나, 은퇴를 대비하거나 등 모든 부분에서 기대 이상의 결과물을 도출할 수 있다는 것을 명심해야 한다.

PLANNING

제2장
기획의 본질과 기능

1. 기획의 본질과 그 중요성

'기획의 본질'은 왜 중요할까? 기획의 본질은 '기획을 아는 것'과 '기획을 하는 것'의 교량 역할을 한다. 즉, 기획을 충분히 이해하고 나서 본격적으로 기획을 시작할 때 본질을 먼저 세우지 않고서는 하나씩 만들어진 기획의 결과물들의 연결 고리가 한순간에 끊어져버릴 수 있기 때문이다. 이는 이해의 문제가 아니라 실천의 문제다. 법을 알고 있느냐가 아니라 법을 준수했느냐를 묻는 것과 마찬가지다.

2. 기획의 3가지 본질

기획의 3가지 본질은 아래와 같다. 무조건 외워라.

기획의 첫 번째 본질은 'Core Value(핵심 가치)'다.

Core Value

'핵심 가치'

[POINT08] '핵심 가치'

우리는 이미 제1장에서 '진짜로 바라는 것'이 얼마나 중요한 것인지 살펴보았다. 그럼 기획에서 핵심 가치가 차지하는 위치는 어떻게 될까? 아래 그림으로 그 설명이 가능하다.

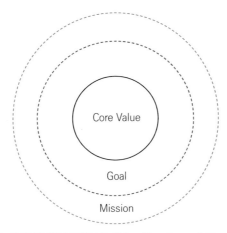

〈그림 03〉 핵심 가치의 포지셔닝(Positioning of Core Value)

위 그림을 이해하는 것은 어렵지 않다. 우리에게 어떤 일이 주어지거나 또는 문제를 해결해야 하는 경우 그에 따른 임무(mission)가 반드시 주어지고 동시에 목표(goal)가 주어진다. 대개 그러한 임무와 목표는 서로 밀접한 관계를 가지고 있기 때문에 임무가 잘 제시되고 정리되면 목표를 달성하는 데 보다 수월할 것이라는 점에는 이견이 없을 것이다. 다만 그 목표 안에 숨겨진 또 다른 목표는 없는지를 살펴보아야 하는데 그것이 바로 목표의 핵심 가치를 찾는 일이다.

쉽게 설명해 보자. 고등학교 3학년 학생에게 묻는다. 공부는 왜 하는가? 그 학생의 목표는 아마도 원하는 대학에 합격하는 것일 수 있다. 그러나 공부의 진정한 핵심 가치는 무엇이어야 할까? 지식과 정보를 통해 모르는 것을 알게 되는 동시에 사회를 간접적으로 체험하고 보다 풍요롭고 인간다운 삶을 살기 위한 준비를 위해서가 아닌가? 그렇다면 핵심 가치를 좇지 않는 공부의 결과는 어떻게 될까? 대학 합격 후에는 다 사라지는 물거품과 같은 허상이 될 뿐이다. 그렇기 때문에 학생들에게 왜 공부해야 하는지를 올바로 가르치는 것이 무엇보다 중요하다.

즉, 대학에 합격했다고 하는 것은 목표의 핵심 가치가 아니라 임무(mission) 중 하나를 완성한 것에 불과하다는 것을 분명하게 인식해야 한다. 군 입대 역시 마찬가지다. 대한민국 남성은 무조건 군대를 가야하기 때문에 나 또한 간다고 생각하기보다, 현재의 안보 상황을 올바로 인식하고 국가를 방위하는 데 나의 시간과 노력과 역량이 절대적으로 필요하다는 핵심 가치를 깨닫고 입대하는 것이 무엇보다 중요하다.

기획의 두 번째 본질은 'Blank Paper(백지)'에 있다.

Blank Paper

'백지'

[POINT09] '백지'

[POINT07]의 축제 기획안을 다시 떠올려 보자. '제1회 ○○시 한마음 축제'가 성공적으로 막을 내리고 그 축제를 매년 개최하기로 하면서 내년 제2회 ○○시 한마음 축제 기획안을 다음 달 말까지 작성해서 시장님께 보고해야 하는 상황에 직면했다. 그런데 이번 기획안은 나기획 과장의 후임으로 온 지 겨우 3개월이 된 오기획 과장이 맡았다.

여러분이 오 과장이라면 제2회 ○○시 한마음 축제 기획안 작성을 어떻게 시작할 것인가? 혹시 부하 직원에게 이렇게 말하지 않는가? "차기획 대리, 제1회 한마음 축제 기획안 좀 가져다 주세요." 아마도 여러분은 오 과장이 지난 1회 기획안을 참고해서 보다 훌륭한 2회 기획안을 작성할 것을 기대하게 될 것이다. 그런데 오 과장의 속마음에는 이런 생각이 깔려 있다. '1회를 2회로 숫자만 바꾸고 기획 의도, 일시, 장소, 프로그램, 기대 효과 정도만 수정하거나 보완하면 되겠지?' 자, 여러분은 어떤가? 여러분이 담당하고 있는 일의 문서 작성 역시 이 정도 수준에 머물러 있지 않나? 아니라면 천만다행이다. 최소한 기획의 두 번째 본질인 '백지'를 이해하고 있으니까 말이다.

앞서 우리는 [POINT01]의 '온전한 정의'와 함께 [POINT02]에서 기획은 '바라는 것을 새기는 것'이라 정의했다. 그럼 '제2회 ○○시 한마음 축제 기획안'을 작성하기 위해 어떤 작업이 필요할까? (이 책의 제12장 '기획의 시작'에 다시 소개되겠지만) 우선, 백지에 바라는 것을 그대로 적어 보자.

'제2회 ○○시 한마음 축제 기획안'

자, 그럼 이제부터 단어를 하나씩 살펴보며 체크해 보자. 각 단어에 동그라미를 치는 것도 좋은 방법이다. 어떻게? '제1회' '○○시' '한마음' '축제' '기획안' 이렇게 단어들을 각각 나열해서 유심히 그 단어들을 들여다보면 어떤 고민이 생기는가?

'제2회'는 어떤 의미일까? 제2회는 2021년인데, 내년에 우리 시의 변화는 무엇일까? 내년 우리나라의 경제 상황은 어떻게 될까? 이런 의문과 생각들이 밀려오지 않는가? 그다음 단어를 보자. '○○시' 그래, 우리 지역이지. 그런데 우리 시의 특징은 무엇이지? 한마음 축제 말고 또 무슨 축제가 있더라? 우리 시가 제2회 축제에 심어야 할 가치는 무엇이지? 그다음, '한마음'이 갖는 의미는 무엇일까? 어떤 효과를 목적으로 하면 좋을까? 우리 시의 여러 상황에 맞는 한마음의 모양은 무엇일까? 여기서 혹자는 이미 그러한 고민들은 제1회 축제 기획안에서 정의되고 정리되었기 때문에 '그건 과감히 생략해도 된다'고 말 할 수 있을 것이다. 과연 그럴까? 매년 대학 입시 전략을 떠올려보자. 출제자의 의도, 예상 문제, 각 대학 합격선 이런 것들만 매년 업데이트하면 될까? 작년에 작성된 입시 전략안을 가지고? 여러분이 아는 것처럼 천만의 말씀이다. 수시로 다르게 변하는 입시 제도, 관련 규정, 시험장 준수 사항, 시험 준비물 등을 매년 새롭게 고민하고 백지 상태에서 다시 새 그림을 그린 후 과거 전략안과 비교하고 분석해서 나온 최종안을 새로운 입시전략으로 공표해야 그 전략이 경쟁력이 있지 않을까? 기획의 두 번째 본질인 '백지'는 몇 번을 강조해도 지나치지 않는다. 기획은 그 정의처럼 바라는 것을 새기는 것이지, 이미 새겼던 것들을 옮겨 적는 것은 아니기 때문이다. 정리하자면 바라는 것이 있거나 또는 해결해야 하는 문제가 있는 경우 먼저 백지에 그 제목을 만들어서 적고(예를 들어, '나는 내년 고3이다. 대입수능 시험을 완벽하게 준비한다.', '2년 후 나는 정년퇴직을 한다. 퇴직 후 무엇을 하지?', '빚이 1천만 원이 넘는 것 같다. 어떻게 그 빚을 다 갚지?', '드디어 목돈 1억 원이 생겼다. 창업을 하고 싶다') 그와 관련된 키워드들을 나열하는 것부터 시작해야 한다.

셋째, 기획의 세 번째 본질은 'Study(연구)'다.

Study

'연구'

[POINT10] '연구'

여러분은 [POINT09]를 통해 백지에 문제를 적거나 바라는 것을 정리하는 것의 중요성을 인식했다. 그중 예시로 제시했던 한 문장을 다시 떠올려 보자. '드디어 목돈 1억 원이 생겼다. 창업을 하고 싶다' 이 문장의 중심 키워드는 '목돈', '1억 원'과 '창업'이다. 여러분이 만약 목돈 1억 원을 가지고 창업을 결심했다면 보통 어떻게 창업을 준비하게 될까?

아마도 첫 번째는 주위 전문가(?)의 권유, 두 번째는 프랜차이즈 등의 광고, 아니면 평소 관심 있던 창업 분야를 더욱 심도 있게 고민하게 될 것이다. 그럼 이 중에 가장 위험한 창업 프로세스는 무엇일까? 바로 첫 번째는 주위의 권유를 따라 창업을 시작하는 것이고, 두 번째는 '안정적 수입'을 강점으로 내걸고 있는 편의점, 커피 전문점, 치킨점 등의 프랜차이즈 창업이다.

첫 번째가 위험한 것은 그것이 신뢰할 만한 것인지 아닌지 또는 정확한 지식과 정보인지 아닌지 제대로 된 인식 없이 지인의 견해에 의존하는 것이고, 두 번째가 위험한 이유는 수익 극대화만을 위해 기업이 만들어놓은 매뉴얼에 아무런 의심 없이 가족이 되겠다고 합류하는 것이다.

이렇게 말하는 사람이 있다. 수많은 시뮬레이션을 거쳐 위험을 최소화한 시스템이 바로 '프랜차이즈 사업'이라고. 정말? 필자가 판단할 때 그 사람은 분명 프랜차이즈 본사의 직원이거나 그 직원의 가족일 것이다.

필자는 세 번째 사례에 주목하고 싶다. '평소 관심 있던 창업 분야'다. 여기에서 키워드는 '평소', '관심'이다. 늘 어떤 분야를 남달리 눈여겨보았다는 것이고, 그렇기 때문에 그에 관한 지식과 정보를 늘 가까이 두고 있었다는 것이다. 그 수많은 지식과 정보들을 내 것으로 만들고 소화시키는 작업이 무엇인가? 바로 '연구'다. 더 자세하게 표현하면 '끊임없는 연구'다.

[POINT01]의 온전한 정의에 가장 가까이 접근하기 위해 끊임없이 찾고, 정리하고, 업데이트하는 작업을 말한다. 즉, 위에서 제시한 키워드인 '1억 원'과 '창업'에 대한 충분한 이해를 위해 모든 각도(다양한 각도가 아니다)에서 그 내용을 정리하는 것이 필요하다.

3. 기획의 기능

자, 지금까지 기획의 본질을 살펴보았으니 이제는 기획이 어떤 기능을 하는지 살펴볼 차례다.

기획의 첫 번째 기능은 'Ignition(점화)'다.

Ignition
'점화'
[POINT11] '점화'

'점화'는 자동차의 시동을 거는 행위와 같이 '시작(start)'의 구체적 착수를 의미한다. 자동차의 시동을 건다는 것은 어떤 의미를 가지고 있는가? (정도와 순서의 차이는 있겠지만) 필자와 같이 한 번 나열해 보자.

'나는 운전면허를 가지고 있다.'

'나는 이 자동차를 운전할 권리를 가지고 있다.'

'이 자동차는 내가 운전하고 나를 이동시키는 데 적합한 상태다.'

'나는 안전벨트를 착용했다.'

'나는 곧 운전을 시작할 것이다.'

'나는 목적지를 알고 있다.'

'나는 이 자동차의 각 기능을 숙지하고 있다.'

'나는 교통 법규를 준수하며 운전할 것이다.'

'이 자동차가 주행할 수 있는 도로가 나의 목적지까지 잘 놓여 있다'

어떤가? (사실 나열하려고 하면 훨씬 더 많지만) '점화', 즉 '시동'이라는 단 1초 정도의 행위가 포함하는 경우의 수가 생각보다 많지 않은가? 그렇다. '점화'라고 하는 것은 '점화' 그 행위 자체보다 '점화'를 할 수 있는 '준비된 상태'를 확인하는 것이 더 중요하다는 의미를 가지고 있다.

흔히 어떤 일을 위해 계획을 세우고 그 일정에 따라 일을 시작하는 것이 위에서 설명한 '점화'라고 생각할 수 있으나 그것은 철저히 기획이 배제된 경우다. 일을 시작하기 위해 반드시 거쳐야 하는 것이 기획이듯 일의 시작은 곧 기획의 점화여야만 한다. 다시 말해, 자동차의 시동을 걸기 전에 필요한 모든 것들을 체크하는 것이 기획의 첫 번째 기능이라고 할 수 있다.

기획의 두 번째 기능은 'Sorting(분류) 기능'이다.

Sorting

'분류'

[POINT12] '분류'

'점화'가 위에서 설명한 자동차의 시동을 거는 행위까지 필요한 모든 고려할 요소들을 나열하는 것이었다면, 이제는 그 나열한 것들을 잘 정리해서 분류하는 것이 필요하다. 이것이 기획의 두 번째 기능인 '분류'다.

그렇다면 왜 '분류'가 필요할까? 이유는 간단하다. 분류를 하면 '일'하기 편하기 때문이다. 집 안의 옷장이나 싱크대, 수납공간을 잘 분류해서 정리하는 것은 언제든 쉽게 찾을 수 있고 잘 관리할 수 있기 때문인 것과 마찬가지다. 앞서 제시한 기획의 점화 기능에 대해 그 중요성을 충분히 인지했다면 이제 분류 작업을 할 차례. 여기서 또 중요한 것은 키워드의 나열이 어느 정도 끝났으면 이어서 바로 분류 작업을 해야 한다는 것이다. 분류 작업 후 시간이 많이 지나면 키워드를 나열했을 때의 개인적 판단 기준이 분류 작업에 그대로 적용되지 않기 때문이다.

기획을 성의 있게 하면 그 분류가 쉬워진다. 물론 꾸준한 훈련을 통해 가능하다. 기획의 분류 기능은 아래 표와 마찬가지로 가장 보편적인 분류 작업과 같이 대분류, 중분류, 소분류를 스스로 할 수 있으면 된다.

구분		
대분류	중분류(지역)	소분류(장르)
영화	국내	액션
		멜로
		코믹
	해외	액션
		멜로
		코믹

〈표 01〉 분류 작업표(예시)

여기서 중요한 것은 표를 작성할 때 샘플이나 기존 표를 먼저 참조하는 것은 대단히 위험하다는 점이다. [POINT12]에 제시된 '모든 것'을 충분히 나열했다면, 분류할 때 맨 왼쪽 항목의 대분류, 중분류, 소분류는 전적으로 나열된 키워드를 바탕으로 만들어져야만 한다. 그래야 오른쪽에 내용, 비고, 특징, 문제점, 과제 등을 창의적으로 만들어낼 수 있기 때문이다.

기획의 세 번째 기능은 'task(임무) 기능'이다.

Task

'임무'

[POINT13] '임무'

기획을 지속적([POINT03])으로 하게 되면 새로운 임무(Task)가 계속 생긴다. 여기서 임무는 '과제' '문제' '숙제' 등으로 풀이될 수 있다. 쉬운 예를 들어보자. 인터넷 시대 이전에는 영어 단어의 뜻을 찾기 위해 두껍고 무거운 '영어 사전'(영어 단어를 한글로 설명해놓은 사전)을 가방에 넣고 다녔다.

더 나아가 영어 공부를 좀 고차원(?)으로 하는 학생들은 '영영 사전'(영어 단어를 영어로 설명해놓은 사전)을 가지고 다녔다. 그런데 영영 사전으로 영어 공부를 하면 반드시 겪게 되는 일이 있다. 바로 모르는 단어가 꼬리에 꼬리를 문다는 것이다. 결국 하나의 영어 단어를 이해하려면 그 단어를 해석한 영어 문장 내에 그 뜻을 모르는 또 다른 단어가 계속 튀어나오기 때문에 공부 시간이 길어질 수밖에 없다. 그러나 영영 사전으로 계속 공부를 하게 되면 단어 실력은 물론 문장력까지 빠르게 향상한다는 것을 알게 된다.

기획 역시 마찬가지다. 기획을 통해 제시된 많은 키워드들을 이해하기 위해 연구([POINT10])를 하게 되면 또 다른 연구 과제가 분명히 생긴다. 그것이 위에서 설명한 과제나 문제, 숙제 등이 되어 다시 기획자의 '일'로 더해진다. 보통은 그러한 일이 만들어지는 것을 기획자 스스로나 조직의 리더들은 별로 좋아하지 않는다. 새로운 일이 만들어지는 것을 원하지 않기 때문이다. 소위 '공무원 사회'에서 자주 발생하는 일이다.[2] '성과보상제도'를 받아들이기 쉽지 않은 구조를 설명하는 것과 마찬가지다.

애석하게도 올바른 기획자라면 이 기획의 세 번째 기능을 충실히 따르고 이를 통해 역량을 발휘해야만 한다. 그래야 기획의 열매가 더욱 풍성하게 열리기 때문이다. '뿌린 대로 거둔다'는 말처럼 기획자가 기획하는 가운데 (예를 들어 기획안 작성 중에) task를 계속해서 만들어 내면 낼

---

2) 공무원 집단을 비난하려는 것이 아니라 공무(公務)의 시스템이 그렇게 수동적으로 가동되고 있다는 것을 말하고자 함이다.

수록 좋은 열매가 맺힌다는 것을 의미한다. 그래서 기획자는 외롭고 힘들 수밖에 없는 것이다.

기획의 네 번째 기능은 'basis(근거) 기능'이다.

기획의 모든 결과물, 즉, 메모, 회의록, 보고서, 기획안, 대화, 코멘트 등

Basis

'근거'

[POINT14] '근거'

지식과 정보의 획득 및 그 소통의 필요에 의해 생성된 것들은 모두 '기준' 내지 '근거' 또는 '증거'의 자료가 된다. 통상 회사에서 사업기획안이나 상품기획안이 기 보고된 보고서나 기안문을 근거로 작성되는 것과 같다. 기획의 올바른 정의([POINT02])대로 조직 내에서 기획을 수시로 했다면 당연히 기획의 결과물들은 근거가 되고 그 근거에 따라 일을 하는 담당자들은 일을 훨씬 수월하게 할 수 있게 된다.

PLANNING

제3장
서클의 확장

1. '서클의 확장' 이론

제3장에서는 "그럼 기획은 어떻게 시작하지?"를 해결해 주는 아주 간단한 툴(Tool)을 제공하고자 한다. 이 툴이야말로 [POINT10]과 [POINT11], [POINT12]를 실현할 수 있는 핵심 도구가 되기 때문이다(기획의 시작과 관련한 구체적인 사례는 이 책의 제12장 '기획의 시작'에 소개한다).

필자는 이를 '서클의 확장 이론'(Theory of Circle's Expansion)이라 부른다. 이 이론은 인간의 사고(생각)를 확장시키는 방법론적 이론임과 동시에 경영학적 조직 관리 이론에 포함되는 이론이다.

조작적 정의에 의한 '서클의 확장 이론'이란, '서클의 자발적 확장성을 이용해 핵심 키워드의 관련 키워드를 계속해서 만들어내는 사고의 확장

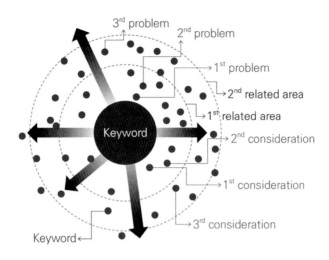

3rd problem
2nd problem
→ 1st problem
→ 2nd related area
→ 1st related area
Keyword
→ 2nd consideration
→ 1st consideration
→ 3rd consideration
Keyword ←

〈그림04〉 Theory of Circle's Expansion
[POINT15] '서클의 확장

과정 및 그 이론'을 말한다.

　여기서 '서클의 자발적 확장성'이란 핵심 키워드의 관련 키워드 (consideration or problem)를 나열할 때, 그 중요도나 우선순위에 따라 더 큰 서클을 그려가며 작성하게 되는 것을 의미한다. 즉, 가장 중요하거나 밀접한 키워드는 가장 안에 있는 서클을 중심으로 기입하다가 같은 서클 상의 중요도보다는 조금 덜하다고 생각되는 관련 키워드는 더 큰 서클을 그려가며 기입하는 것을 말한다.

2. '서클의 확장' 활용 방법

'창업'을 생각해 보자.[3] 위 〈그림 02〉의 가장 작은 서클 안에 '창업'을 기입한다. 그다음 창업에 필요한 것들을 모두 나열해 본다. 여기서 간과해서는 안 되는 단어가 '모두'다. [POINT01]을 다시 한번 상기하기 바란다. 필자가 기획전문가 과정을 통해 수년간 강의하면서 하는 이 실습에서 대부분의 수강생들이 놓치는 부분이기도 하다.

분명히 제시된 과제는 '창업에 필요한 것들을 모두 나열'하는 것이라고 했는데도 불구하고 가장 작은 서클에, 작성한 관련 키워드들은 보통 자금, 사업장, 인력, 인프라……. 이런 것들이다. 여전히 자신의 '생각의 틀'에 갇혀 있는 경우다. 진정한 기획자는 이렇게 접근해서는 안 된다. 가장 높은 곳에서 이 문제를 바라봐야 한다. 그러면 다시 나열해 보자. 만약 필자라면 '나', '왜?', '창업의 이해', '창업 의지', '창업가 정신', '창업 환경' 등을 먼저 나열했을 것이다. 이러한 반복을 계속하다 보면 서클이 바깥쪽으로 더 많아지다가 다시 안쪽에 또는 서클과 서클 사이에 생겨나기도 한다. 이것이 '서클의 자발적 확장성'이다.

이 '서클의 확장'은 기업 등 조직 내에서 다양한 형태로 활용될 수 있다. 부서원들이 아이디어 회의를 하는 경우다. 잘 알려진 방식은 '브레인

---

3) 창업 컨설팅 회사나 창업을 돕는 외주업체들을 활용하는 것도 방법이겠지만 목표와 과제를 스스로 정하고 그 해결 방안을 독자적으로 먼저 찾아낼 때 [POINT08]의 '핵심가치'에 올바로 도달하게 된다는 것을 꼭 기억해야 한다.

스토밍'[4]인데, 이 방식은 별도의 리더를 두고 10명 내외를 한도로 한다거나 제시된 아이디어에 비판을 가하면 안 된다는 등의 원칙을 갖고 있다. '서클의 확장'은 분명 다르다. 아이디어를 키워드로 제시하되 스스로 생각하는 '중요성'과 '관련성'을 바탕으로 '서클'을 먼저 선택해야 한다. 그리고 서클이 계속 생성되면서 우선순위가 실시간으로 조정된다. 이 원칙이 브레인스토밍보다 아이디어를 정리하거나, 아이디어의 우선순위를 정하거나, 정리된 키워드를 목차로 구성할 때 훨씬 우월한 효과를 가져다 준다. 나아가 이렇게 채택된 키워드는 부서원 간에 또는 부서 간의 역할을 미리 '가늠'할 수 있도록 해 준다.

예를 들어보자. 회사 인사팀장과 팀원들 20여 명이 회의실에 모여서 다음 달 확정된 '워크숍'을 준비하는 회의를 갖는다. 인사팀장은 회의실 화이트보드에 아래 〈그림 05〉와 같이 서클을 3개 정도 그려놓고 가장 작은 서클 안에 '워크숍'을 적는다. 그리고 팀원들에게 "워크숍을 준비하기 위해 가장 필요한 요소들을 작은 서클에서부터 큰 서클까지 자유롭게 작성해 보자. 원칙은 몇 번째 서클인지를 말하고 키워드를 제시하는 것이다"라고 말한다.

그럼 아래와 같이 키워드들이 아주 활발하게 제시될 것이다.

---

4) '브레인스토밍(brainstorming)'은 1941년 미국의 광고 회사 부사장 알렉스 F. 오즈번이 제안한 이론으로, 그의 저서 《독창력을 신장하라》에 널리 소개되었다. 일정한 주제에 관하여 회의 형식을 채택하고, 구성원의 자유로운 발언을 통한 아이디어의 제시를 요구하는 방법을 말한다.

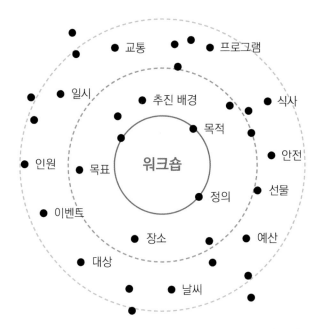

<그림 05> 워크숍 준비를 위한 인사팀 서클의 확장(예시)

물론, 어느 요소가 더 중요한지 덜 중요한지는 리더의 의지, 조직의 핵심 가치, 환경, 여건, 방향, 역량 등에 따라 얼마든지 그리고 수시로 변할 수 있다. 여기서 역시 중요한 것은 과거나 관련 자료들을 절대로 참고하지 말라는 것이다. [POINT09]가 제시하는 본질을 반복적으로 생각해 보면 알 수 있다.

3. '서클의 확장' 활용 원칙([POINT16] '서클의 확장' 활용 원칙)

첫째, 범위에 제한을 두면 안 된다.

범위에 제한을 두게 되면 서클의 확장성을 막게 되고 결국 사고가 한계에 이르게 된다. 따라서 생각 또는 상상으로 만들어낼 수 있는 모든 키워드를 서클의 확장성에 따라 확대하고 축소하면서 사고의 다양한 접근을 허용하는 것이 무엇보다 중요하다.

둘째, 빠른 시간 안에 작성해야 한다.

기획은 [POINT23]과 같이 반드시 정해진 시간 내에 완료해야 한다. 따라서 무한정 시간을 두고 서클의 확장을 실시해서는 안 된다. 짧게는 10분에서 길게는 1시간 내에 서클의 확장을 완료하고 그 안에 포함된 키워드를 분류하고 정리하는 것이 좋다.

물론, 한 번의 서클의 확장으로 모든 키워드를 찾아내는 것은 쉽지 않다. 이 경우에는 시간의 간격을 두고 오전에 30분 동안 서클의 확장 회의를 실시했다면, 다시 오후에 한 번 더 서클의 확장 회의를 통해 빠진 키워드를 찾아내거나 불필요한 키워드를 제거하는 것도 좋은 방법이다.

여기서 주의해야 할 점이 있다. 서클의 확장 회의를 특별한 이유나 노하우 없이 반복하게 되면 서클과 키워드가 다양하게 구성되는 경험을 하게 되지만, 유사한 키워드가 계속 생성되어 사고의 혼란을 가져올 수 있다. 따라서 가급적이면 최대 2회로 서클의 확장 회의를 완료하는 것이 바람직하다.

셋째, '중요성'을 가장 최우선으로 고려해야 한다.

서클의 확장에서 무엇보다 중요한 것은 가장 작은 서클 안에 들어갈 키워드를 가장 먼저 찾아내는 것이다. 그것을 빠른 시간 안에 찾아내지 못하면 '덜 중요한' 키워드를 핵심 가치로 잘못 설정해 놓고 그 주변 키워드를 고민하게 되는 결과를 낳게 될 뿐이다.

전투에서 다양한 지역으로 침투하는 적의 움직임을 파악할 때 가장 심각한 위협이 되는 침투 지역을 조기에 선정하지 못하면 엉뚱한 지역을 우선적으로 방어하게 되고, 그 경우 전투에서 패하게 되는 경우와 마찬가지다.

공부도 마찬가지다. 지난 학기와 달리 학업성적이 떨어진 가장 핵심적인 이유를 찾아내지 못하면 그 주변 이유에 집착하게 되고 그 경우 성적을 다시 올리지 못하게 되는 경우와 같다. 예를 들어, 학업 성적이 떨어진 가장 중요한 이유가 '수학' 때문이 아니라 '게으름' 때문이라는 것을 발견해야 된다는 것이다.

PLANNING

제4장
'KASH의 법칙'과 기획

　　국내 인문학 강사들이 '성공의 4법칙'으로 자주 인용하고 있는 미국의 한 보험협회에서 100년에 가까운 경험과 데이터로 만든 '세일즈의 4가지 성공 요소'가 있다. K, A, S, H를 각 이니셜로 하고 있는 'KASH의 법칙'([POINT17] 'KASH의 법칙')이 그것이다.

　　기획자는 반드시 이 'KASH의 법칙'을 따라야 한다. 목표는 '성공'에 두고 있지만 성공으로 가는 과정 하나하나가 더욱 중요하다는 것을 분명하게 인식시켜 주는 법칙이기 때문이다. 필자가 'KASH의 법칙'을 기획에 그대로 적용시키는 이유는 제6장 '기획자의 자질'과 직접 연관되기 때문이다.

　　그럼 4가지 요소를 하나씩 살펴보자.

첫째, KASH의 'K'는 'Knowledge'다.

Knowledge

'지식과 정보'

[POINT18] 'Knowledge'

'KASH의 법칙' 첫 번째는 'Knowledge'로 '지식과 정보'를 말한다. 기획을 시작할 때 그 무엇보다 우선해서 지식과 정보를 확보해야 함을 의미한다. 여기서 '지식'은 '아는 척'에 머무는 지식이 아니다. 즉, 남에게 들었거나 뉴스나 인터넷 검색 정도로 인지하게 된 정도의 정보를 말하는 것이 아니라, [POINT13]에서 설명한 '영영 사전'에서 단어를 검색하는 정도의 시간과 노력이 동원된 올바른 지식을 말한다. 영미권에서 발생한 지식이라면 영어 원문으로 찾아보고 지식과 직접 관련된 논문이나 책을 통해 확보하는 지식을 말한다.

'정보' 역시 떠돌아다니는 소식과 같은 '소문'이나 어느 정도 필터링(filtering)된 '첩보'의 수준이 아닌, '검증되어 신뢰할 만한' 정확한 사실을 의미한다.

물론 영원한 지식이 아닌 지식도 있고, 완벽한 정보가 아닌 정보도 있다. 중요한 것은 확보된 지식이나 정보가 '올바른 수준에 해당하느냐'다. 그것을 어떻게 알 수 있냐고? 불행히도 그것은 지식과 정보를 확보한 자의 '양심'에 달렸다.

'올바른 수준'의 예를 들어보자. 소송을 담당하는 변호사가 의뢰인으로부터 여러 가지 사실 관계나 정황을 파악해서 '소장(訴狀)'5)을 작성하는 경우다. 이 경우 사실 관계에 기초해 적용해야 하는 법률이나 판례를 소장에 올바로 또는 충분히 적용시키지 않은 경우 또는 의뢰인이 어떤 중요한 부분을 숨기고 변호사에게 사실 관계를 설명한 경우, 이를 바탕으로 작성된 소장은 어떤 결과를 초래할까? 당연히 승소 확률을 떨어뜨리게 된다.

올바른 지식과 정보를 확보하는 것이야말로 기획을 할 때 가장 중요한 동시에 가장 먼저 준수해야 하는 원칙이다. 이러한 지식과 정보가 확보되지 않으면 다음에 이어질 'A'도 만들어지지 않기 때문이다.

여기서 또한 중요한 것은 올바른 지식과 정보의 '수준과 범위'다. 어느 수준까지, 어느 범위까지 확보할 것인가의 문제다. 이를 단계별로 정리하면 아래와 같다.

1단계는 작성된 글에 포함된 '단어'의 기초적인 사전적 의미를 알아내는 것이고, 2단계는 그 단어가 주가 되는 주변 이야기나 기사를 찾아내는 것이다. 3단계는 비교 분석이 가능한 데이터를 확보하거나 다양한 사례를 수집하는 것이며, 4단계는 해당 단어 또는 분야와 관련한 전문가의 견해(박사 학위 논문, 등재지에 실린 논문, 권위 있는 학술지, 단행본 등)를 정리하는

---

5) 소송을 제기하기 위하여 법원에 제출하는 서류

것이다.[6] 마지막 5단계는 해당 단어나 문장을 적합한 영어로 변환해서 해외 사이트에 제시된 기사, 칼럼, 백서 등을 살펴보는 것이다.

둘째, KASH의 'A'는 'Attitude'다.

Attitude

'태도와 자세'

[POINT19] 'Attitude'

'KASH의 법칙' 두 번째는 'Attitude'로 '태도와 자세'를 의미한다. 앞선 지식과 정보를 올바로 그리고 충분히 확보했다면 '태도와 자세'는 자연스럽게 만들어진다. 'Attitude'는 필자가 가장 좋아하는 단어이기도 하다. 직원을 채용할 때 서류 심사보다 더욱 중요한 것은 지원자의 태도와 자세다. 더욱이 쉽게 드러나지 않는 태도와 자세를 면접 단계에서 면접관이 충분히 읽을 수 있다면 그것보다 좋은 평가 잣대는 없을 것이다.

그럼, 기획안을 작성하는 작성자 입장에서 생각해 보자. [POINT07]에서 언급한 '제2회 ○○시 한마음 축제 기획안'을 작성하는 오기획 과장에게 필요한 태도와 자세는 무엇일까?

그럼 위 기획안을 작성하기 위해 또는 기획안 작성 간 확보한 지식과

---

6) 한국교육학술정보원에서 운영하는 학술연구정보서비스 RISS 사이트(http://www.riss.kr)를 방문하면 학위 논문, 학술지 등 다양한 전문 지식과 정보를 접할 수 있다.

정보를 근거로 예상되는 태도와 자세를 나열해 보자.

지식 &정보	태도 & 자세	구체화 작업
보고대상	축제에 대한 시장님의 평소 견해를 수집하려는 노력	'과거 시장님의 축제장 인사말 영상을 찾아봐야겠다.'
	보고 장소에 대한 분위기를 사전에 파악하려는 노력	'전에 발표했던 과장님을 찾아가 궁금한 것을 물어봐야겠다.'
축제	예상되는 문제점을 분석하려는 의지	'지역 축제와 관련한 다양한 기사를 통해 문제점을 나열해 봐야겠다.'
	타 지역의 축제에 관한 분석 자료를 확보하려는 의지	'유사 축제를 개최하는 타 지역에 공문을 보내 체크 리스트를 취합해 봐야겠다.'
	'한마음'을 위한 다양한 프로그램을 검토해보려는 욕구	'외국에는 어떤 성공 사례가 있는지 해외 기사를 정리해 봐야겠다.'
	축제에 관한 다양한 전문가의 다양한 의견을 구하려는 욕심	'관련 논문들을 찾아서 읽어봐야겠다.'
		'작년 축제에 참가했던 지역주민들을 만나서 어떤 것이 좋았고 어떤 것이 좋지 않았는지 직접 물어봐야겠다.'
기획안	기획안 작성에 필요한 나의 역량에 대한 고민	'기획안 작성 스킬 강좌에 등록할까?'
	이번 기획안을 통해 나의 능력을 시장님께 보여주겠다는 결심	'직원들 앞에서 발표 리허설을 갖는 게 좋겠다.'

〈표 02〉 기획안 작성을 위한 Attitude list(예시)

위에 제시된 태도와 자세의 구체화 작업은 어쩌면 당연한 것이다. 그러나 대부분의 기획안이나 보고서를 작성하는 담당자들은 이것을 아주 쉽게 간과해버린다. 사실 위 표의 맨 왼쪽 '지식&정보'의 가짓수는 상상할 수 없을 정도로 많다. 아니, 상상할 수 없을 정도로 많아야 한다. 바라는 것이 많으면 많을수록 새기는 것이 많아지는 것은 너무도 당연하다.

기획안을 정말 잘 작성하고 싶은가? 그렇다면 화려한 PPT 디자인이나 깔끔하게 잘 정돈된 내용에 머물러서는 안 된다. [POINT07]에 대한 무한 상상으로 이미 해당 축제를 경험했다면 예상되는 문제점이나 경쟁력 제고에 필요한 요소들을 [POINT15]의 '서클의 확장'을 통해 전부 나열해 보려는 시도를 반드시 거쳐야만 한다. 그것이 바로 [POINT02]의 기획의 올바른 정의를 기획안에 구현하는 것이기 때문이다.

예를 또 하나 들어보자. 나첼로 씨는 대학에서 첼로를 전공하는 3학년 학생이다. 오는 10월 서울시가 주최하는 전국 대학생 음악 콩쿠르에 출전하기로 했다. 자, 여기서 필요한 지식 & 정보는 무엇이고, 이에 대한 태도 & 자세는 무엇이어야 할까?

가장 먼저 해결해야 하는 것은 [POINT02]에 따라 각 단어에 대한 나의 지식 상태를 체크하는 것이다. '서울시', '전국', '대학생', '음악', '콩쿠르'가 그것이다. 이를 확대하면 해당 콩쿠르는 어떤 역사와 권위를 가지고 있으며, 전국에서 몇 명 정도가 예선에 참가하고, 입상자에게는 어떤 혜택이 주어지며, 만약 1등을 하면 내 경력에 어떤 도움이 되는지 등을 고민해 보는 Attitude 단계로 자연스럽게 넘어가게 된다.

다음으로 가장 쉽게 접할 수 있는 정보를 살펴보자. 그것은 서울시청 홈페이지 게시판에 등록된 콩쿠르 개최 안내문일 것이다. 그 안내문에는 타이틀, 일시, 장소, 대상, 곡목, 신청 절차, 심사 기준, 상금, 유의 사항 등 기본적인 정보가 담겨 있다. 그중 '일시'라는 정보부터 만나보자. 음악 콩쿠르는 보통 예선과 본선 그리고 형태에 따라서는 결선까지 진행된다. 그럼 이 정보를 바탕으로 나에게 필요한 태도 & 자세는 무엇일까? 그렇다. '그 날짜에 참가할 수 있는가', '아, 예선은 되는데 본선은 여행 기간과 겹칠 것 같다', '10월이면 좀 춥겠다. 손난로를 미리 준비해야지', '차를 직접 몰고 갈까, 아니면 누구에게 부탁할까' 등이다. 날짜 하나만으로도 필요한 태도와 자세는 수없이 많이 요구된다.

여기서 필자가 이야기하려는 핵심은 이와 같은 수많은 지식과 정보, 그리고 필요로 하는 수많은 태도와 자세가 얼마나 여러분의 머리와 가슴 속에 저장되어 있는가 하는 점이다. 만약 콩쿠르를 셀 수도 없이 매년 참가했다면 위에 나열된 태도와 자세는 아마 너무도 익숙하게 그리고 빠른 시간 안에 별 다른 문제없이 수월하게 완성되었을 것이다.

결국 머리와 가슴에 새기는 정도에 따라 Attitude가 생략될 수도 있다는 의미다. 그렇게 생략되는 것들이 많아지면 많아질수록 일이나 과제 해결 속도는 점점 빨라지고, 그 결과물의 완성도는 자연스럽게 높아질 수밖에 없다. 동시에 기획자의 역량 또한 강화되거나 확대된다는 것을 의미하기도 한다.

셋째, KASH의 'S'는 'Skill'이다.

Skill

'기술 또는 완성'

[POINT20] 'Skill'

'KASH의 법칙' 세 번째는 'Skill'로 '기술 또는 완성(success)'을 의미한다. 앞선 올바른 지식과 정보 그리고 그에 부합한 태도와 자세가 갖추어졌다면 반드시 목표로 하는 기술이 만들어지거나 원하는 결과물이 도출된다는 것을 의미한다. 여기서 '완성'이란 합격, 도달, 통과, 해결 등 넓은 의미의 효과로 해석될 수 있다.

[POINT19]에서 언급한 콩쿠르를 다시 상상해 보자. '콩쿠르에 대한 Knowledge를 확보했더니 필요한 Attitude가 생겼고, 그에 따라 만반의 준비를 했더니 당당히 1등을 차지했다.' 그렇다면 누구나 Knowledge를 확보하고 Attitude를 갖추면 성공할까? 당연히 아니다. 진정한 기획자라면 지식과 정보 단계에서 '아, 이번에는 안 되겠다'고 판단했다면 '포기'라는 Attitude가 생겨나야만 한다.

가장 밀접한 사례가 '대학 입시'다. 그 결과물은 단기간 내에 만들어지지 않는다. 수많은 Knowledge와 거듭되는 Attitude의 반복에 따라 그 결과가 결정된다. 그래서 대학을 포기하기도 하고 재수나 삼수를 결정하기도 한다.

그럼 Knowledge나 Attitude 없이 Skill이 완성된 경우는 없을까? 있다. 아, 그럼 모순이 아닌가? 결론부터 이야기하면 모순이 아니다.

어떤 경우가 Knowledge나 Attitude 없이 Skill이 완성되는 경우일까? 바로 부정한 방법이나 소위 '꼼수'로 Skill에 도달하는 경우다. 위 콩쿠르 사례에서 나첼로 씨의 어머니가 심사위원장을 포섭해서 뇌물을 주고 나첼로 씨가 1등을 차지하는 경우를 상상해 볼 수 있다. 요즘 시대에는 불가능해 보이지만 과거에는 이런 일들이 적지 않았던 것으로 기억한다.

그럼 Knowledge나 Attitude를 성실하게 갖춘 다른 참가자들은 분명 억울하다는 생각이 들지 않을까? 그러나 'KASH의 법칙' 마지막 단계인 'Habit'에서 그 문제는 어느 정도 해결된다.

넷째, KASH의 'H'는 'Habit'이다.

Habit
'습관 또는 유지'
[POINT21] 'Habit'

'KASH의 법칙'의 마지막인 네 번째는 'Habit'으로 '습관 또는 유지

(maintain)'를 의미한다. 앞서 올바른 과정을 거쳐 원하는 기술이 만들어지거나 원하는 결과물이 도출되었거나 목표한 바를 달성했다면 그것의 완성도나 수준이 지속적으로 유지될 수 있다는 원칙이다.

본 4장의 도입부에서 국내 인문학 강사들이 'KASH의 법칙'을 '성공의 4법칙'으로 자주 인용하고 있다고 소개했다. 그러나 필자의 견지에서 그들은 가장 중요한 것을 간과했다. 4요소를 갖추는 것보다 더 중요한 것은 바로 K, A, S, H가 '순서대로 이루어져야 한다는 것'이다.

그럼 위 나첼로 씨가 어머니의 부정행위로 1등을 했다면? 결론은 그 상태가 온전하게 유지될 수 없다는 것을 의미한다. 모든 부정행위를 통한 결과가 그렇듯이 당장은 원하는 목표를 달성한 것처럼 보인다. '정의는 반드시 승리한다'를 바꿔서 표현하면 '부정은 반드시 패배한다'는 논리와 일맥상통한다. 결국 나첼로 씨가 그 덕에 서울시에서 운영하는 관현악단에 들어간다 하더라도 그 부정이 드러나서 어머니와 함께 고초를 당하게 되거나 충분한 실력이 담보되지 않아 '아웃(out)'되는 상황이 분명 생긴다는 것이다. 그러고도 잘 사는 사람이 있지 않을까? 있을 수 있다. 그러나 부정을 통해 부를 축적하거나 강제로 원하는 자리를 차지한 사람들의 결말이 어떤지는 역사가 분명하게 말해주고 있지 않은가? 그것은 먼 훗날의 불행을 자초할 뿐이다.

Habit은 또한 단어 그대로 '습관'을 말한다.

올바른 Knowledge를 확보하고 그에 맞는 정직한 Attitude를 통해 완성된 Skill은 또 다른 Knowledge와 Attitude 및 Skill을 만들어내는 습관이 된다. 그래서 '성공하는 사람들'은 분명 Knowledge와 Attitude 단계부터 남과 다르다는 공통점을 발견하게 된다.

'기획'은 'Knowledge' 및 'Attitude'와 가장 밀접한 관계를 가지고 있다.

따라서 Knowledge와 Attitude를 충분히 갖추지 않는다는 것은 올바른 기획을 시작할 수 없다는 것을 의미한다.

PLANNING

제5장
기획자의 본능

기획자가 가지고 있는 본능 내지 특성은 16가지 정도로 설명할 수 있다. 이것을 표로 정리하면 아래와 같다.

No.	기획자의 본능		특성
1	Proposal	제안 본능	누군가에게 소개하려고 한다.
2	Numbering	번호를 매기려는 본능	글을 쓰거나 말을 할 때 순서대로 번호를 매기는 습관을 가지고 있다.
3	Table of Contents	목차 선정 본능	문서를 작성할 때 목차부터 분류하는 습관을 가지고 있다.
4	Issuing	이슈 개발 본능	어떤 일도 이슈로 개발하려는 의지를 가지고 있다.
5	PR	외부에 알리려는 본능	좋은 일은 더 많은 사람들이 알았으면 하는 욕심을 가지고 있다.
6	Organization	조직 구성 본능	일을 위해 사람들이 모이면 조직도를 먼저 만드는 습관이 있다.
7	Design	디자인 본능	문서를 작성할 때 어떻게 구성해야 더 효과적인지 늘 고민한다.
8	Naming	이름을 붙이려는 본능	정체성을 갖는 의미 있는 이름을 만드는 데 익숙하다.

No.	기획자의 본능		특성
9	Branding	브랜드화 본능	이름의 지속성을 위해 브랜드화를 추구하려고 고민한다.
10	Scheduling	일정 수립 본능	회의를 마치기 전 항상 추진 일정을 수립한다.
11	Budget formulation	예산 항목 제시 본능	예산이 투입되어야 할 항목들에 대해 논의를 시작한다.
12	Sorting	세분화 본능	아무리 복잡한 단어들을 나열해도 빠른 시간 내에 분류 작업을 할 수 있다.
13	Focusing	핵심에 집중하는 본능	가장 중요한 핵심 가치를 찾아낼 수 있다.
14	Selecting	선택하려는 본능	우선순위를 나눠서 선택의 폭을 좁힐 수 있다.
15	Matching	매칭시키는 본능	관련 있는 분야와 즉시 매칭시킬 수 있다.
16	Studying	연구하려는 본능	아주 기초적인 것부터 공부하려는 의지가 있다.

〈표 03〉 기획자의 본능

위 표에서 제시한 16가지 기획자의 본능은 필자의 주관적인 판단으로 설정된 요소들이다. 그러나 각 본능은 진정한 기획전문가를 탄생시키는 데 길잡이 역할을 하는 것임은 분명하다. 필자가 개설해서 운영하고 있는 '기획전문가 과정'은 이러한 본능을 깨우는 것에 그 가치를 두고 있다고 해도 과언이 아니다.

위의 요소들은 사실상 정치, 경제, 사회, 문화, 교육 등 할 것 없이 조직 내부의 경쟁력을 강화하는 데 모두 필요한 요소들임은 물론이며, 개인의 역량 강화를 위해서도 반드시 갖추어야 하는 덕목들이다.

위 16개 본능을 설명하는 요소들은 최소한 30대 후반까지는 '기획'의 관점에서 누구나 갖추었으면 하는 역량이다.

PLANNING

제6장
기획자의 자질

1. 올바른 지휘자의 역량을 갖출 것

〈그림 06〉 지휘자의 모습

위 그림과 같이 연주자들을 앞에 놓고 지휘하는 오케스트라의 지휘자

를 생각해 보자.

보통 '지휘자'의 정의는 아래와 같다.

합창이나 합주 따위에서 노래나 연주를
앞에서 조화롭게 이끄는 사람.

영어사전에서는 'conductor^(지휘자)'를 아래와 같이 정의하고 있다.

someone who directs the performance of musicians
or a piece of music.

또 다른 사전에서의 'conductor^(지휘자)'에 관한 정의는 아래와 같다.

a person who leads a musical ensemble.

위 '지휘자^(conductor)'의 각각의 정의에서 핵심이 되는 단어를 나열하면
아래와 같다.

첫째, '앞에서 조화롭게 이끄는'
둘째, 'direct'
셋째, 'lead'

위에 나열된 단어들의 공통점은 '이끈다'로 정리할 수 있을 것 같다.

보통 오케스트라의 지휘자는 바이올린, 비올라, 첼로, 베이스, 플루트, 클라리넷, 오보에, 트럼펫, 트롬본, 호른, 팀파니 등 다양한 악기의 연주자들을 앞에 놓고 악보에 따라 연주의 시작과 끝, 음의 높낮이, 강약 그리고 음악의 다양한 느낌들을 각 연주자들이 최적의 연주로 표현할 수 있도록 앞에서 '이끄는' 역할을 담당한다.

여기서 중요한 것은 지휘자가 각 연주자들보다 반드시 그 악기를 잘 다루어야만 하는 것은 아니라는 점이다. 그러나 명확한 것은 연주는 지휘자의 손끝에서 시작하고 손끝에서 멈추어야만 한다는 것이다.

여기서 결코 그냥 지나쳐서는 안 되는 것이 있다. 지휘자가 악보에 따라 지휘(행위)만 잘하면 되는 것일까? 그렇지 않다. 앞의 어학 사전에서 정의한 '앞에서 조화롭게 이끄는'에 대한 해석은 그러한 '행위'에만 머물러서는 절대 안 된다. [POINT01]의 '온전한 정의'에 따라 위 지휘자를 다시 정의해 보자.

첫째, '앞에서'란 무엇일까?

만약 '위치상 오케스트라의 가장 앞쪽 가운데서'로 해석한다면 이는 아주 좁은 의미의 해석에 불과하다. 기획자 시각에서 보면 충분하지 못한 해석이다. 이를 아주 넓은 의미로 해석해 보자. '앞에서'라고 하는 것은 무대 위 오케스트라를 대표하는 '대표자'로 해석될 수도 있고, 오케스트라의 연주를 책임지는 '책임자'로도 해석될 수 있다. 나아가 연주자들이 연주를 잘 준비할 수 있도록 많은 것들을 미리 준비하거나 준비시키는 '통솔자'로도 해석될 수 있다. 나아가 연주에 임하는 태도와 자세([POINT19])가 남달라야 하며 철저한 자기 관리와 솔선수범을 통해 모든 연주자들로부터 존경받을 수 있는 위치에 서는 것을 의미한다.

둘째, '조화롭게'란 무엇일까?

악기별 연주방법, 연주 소리의 크기, 강약, 길이 등을 조화롭게 이끄는 정도로만 해석한다면 이것 역시 아주 좁은 의미의 해석이다. 기획자 입장에서 이를 올바로 해석하면 '연주자들의 마음을 모으는 것', '연주자들이 연주에 임하는 자세를 통일시키는 것', '작곡가의 의도를 연주자들에게 골고루 심어주는 것', '한 호흡으로 연주를 시작하고 같은 느낌으로 연주를 마치는 것' 등이 모두 그 해석에 포함되어야 한다.

셋째, '이끈다'는 것은 무엇일까?

앞에서 설명한 것처럼 무대에 올라 연주의 시작과 과정 그리고 그 끝을 표정과 몸짓으로 알려주는 것에 머물지 않고, 연주자들의 생각과 행동 그리고 연주에 대한 종합적인 평가를 연주자들과 공유하면서 동시에 연주자들에게 이 곡을 연주하면서 힘든 점은 무엇인지, 각 파트에서 문제를 일으키는 연주자는 없는지, 의자가 불편하지는 않은지, 무대 조명이 연주에 방해되는 것은 아닌지, 관객들의 반응이 연주자들에게 어떤 영향을 미치는지, 무대 스태프들이 연주에 어떤 도움을 주어야 하는지 등 수많은 것들을 고민하고 고려하고 준비하는 작업을 '이끈다'는 것에 모두 포함시켜야 한다. 그것이 진정한 지휘자고 그것이 진정한 기획자다.

이렇게 기획자가 갖추어야 할 첫 번째 자질은 '올바른 지휘자의 역량을 갖추는 것'이다.

[POINT02]에서 '기획력'을 '바라는 것을 새기는 능력'이라고 정의했다. 이를 '지휘자'에 빗대어 표현하면 '일을 하는 능력'이 아니라 '일을 하게 하는 능력'이라고 정리할 수 있다.

2. 맨 위에서 내려다 볼 것

이 책은 시종일관 기획의 '최상위 개념'을 이야기하고 있다. 어떤 특정 분야의 기획전문가가 아닌 '삶 자체'에서 기획이 차지하는 위치와 기획을 올바로 심는 방법을 말하고 있는 것이다. 그럼 여기서 기획의 최상위 개념이란 무엇일까? 20년 동안 게임 기획 및 개발에 전념해 온 게임기획 전문가에게 뉴욕 필하모닉 오케스트라 내한 공연을 기획해보라고 하면 어떨까? 국내 최고 수준의 공연기획자만큼 잘해낼 수 있다고 자신 있게 답할 수 있을까? 반대로 생각해 보자. 공연기획과 제작만 30년 이상의 경력을 가진 공연기획전문가에게 중국향 게임을 기획해보라고 하면 잘할 수 있을까?

기획의 '최상위 개념'이라고 하는 것은 어느 특정 분야의 일이나 과제,

문제 또는 객체(사업, 상품, 콘텐츠 등)를 해당 분야 전문가 관점이 아닌 하나의 '일반적인 대상'으로 보고 기획의 정의([POINT02])와 본질([POINT08], [POINT09], [POINT10]), 그리고 구성 요소([POINT11], [POINT12], [POINT13])를 중심으로 서클의 확장([POINT15])을 통해 채택된 키워드들을 기획의 틀 안에 모두 묶어두는 개념을 말한다.

이는 위에 언급된 게임기획 전문가에게 뉴욕 필하모닉 오케스트라 내한 공연을 기획해보라고 한 사례에서 게임기획전문가는 '게임'의 시각이 아닌 오직 '기획'의 시각으로만 '뉴욕 필하모닉 오케스트라', '내한', '공연'을 바라보게 하는 것을 의미한다.

즉, '맨 위에서 내려다본다'는 것은 바로 기획의 '최상의 개념'을 적용시키는 것으로 설명된다.

3. 최대한 많은 것을 경험할 것

이런 고민을 해 보자. 위 뉴욕 필하모닉 오케스트라 내한공연 사례에서 만약 그 게임기획 전문가가 형태를 불문하고 공연이라는 것을 태어나서 단 한 번도 감상한 적이 없는데도 기획의 최상위 개념을 이해하고 있는 것만으로 공연기획이 가능할까? 국내 공연기획전문가 수준으로?

기획을 올바로 이해하고 있다면 당연히 '가능하다'가 답이다. 이것이 '기획의 비밀'이기도 하다.

그런데 여기서 중요한 것은 기획의 완성도(제8장 '기획의 완성도')를 이루는 각각의 요소에서 일부 차이가 발생할 수 있다는 것을 알아야 한다.

잠깐 쉬어가기

지금까지 살펴봤던 기획을 이해하기 위한 각 챕터(chapter)의 타이틀을 다시 나열해 보자.

제1장 '기획의 올바른 정의', 제2장 '기획의 본질과 기능', 제3장 '서클의 확장', 제4장 'KASH의 법칙과 기획', 제5장 '기획자의 본능', 제6장 '기획자의 자질'이었다. 어떤 이론의 전개 방식을 총론(總論)과 각론(各論)으로 나눌 때 위 1장에서 6장까지의 기획에 관한 개념이나 그 키워드인 본질, 기능, 법칙, 본능, 자질 등은 총론에 해당한다고 할 수 있다.

그럼 여러분은 1장에서 6장까지 만난 원칙 또는 이론만 가지고 사업이나 상품을 기획하거나 그것을 위한 기획안을 작성하는 등의 구체적인 기획을 실행할 수 있는가? 각론을 거치지 않고서도? 정답은 '그렇다'여야 한다. 당연히 그래야 하기 때문이다.

이 책을 읽어야 하는 근본적인 이유는 기획을 올바로 알고 올바른 기획력을 갖추는 데 있다. 만약 여러분이 [POINT]를 중심으로 앞에서 읽은 내용을 충분히 이해하고 반복해서 숙지했다면 기획을 실행하는 데 어려움이 없어야 한다.

실제로 기획을 실행할 때 어려운 부분은 기획을 실행하는 것이 아닌,

기획을 실행하기 전까지 여러분이 확보한 [POINT17]의 'K'와 'A'가 충분한가를 자문하는 단계에서 발생한다.

이제 다음에 이어질 제7장부터는 기획에 관한 각론이 전개된다.

만약 여러분이 앞의 총론을 온전히 받아들이지 못한 상태에서 기획서를 작성하는 정도의 노하우를 빠른 시간 내에 습득하기 위해 각론에 더 많은 관심과 시간을 기울인다면 그것은 '모래 위에 성을 쌓는 것'과 다르지 않다.

분명히 말하지만 제7장에서 설명하는 기획을 구성하는 '기획의 14 구성 요소'는 보통의 기획자들이 인식하는 기획안의 대중적인 '목차' 정도이지 기획이나 기획안을 완성하는 절대적인 요소가 아님을 기억해야 한다.

PLANNING

제7장
기획의 14 구성 요소

1. 기획을 이루는 14가지 구성 요소

'기획을 이룬다'는 것은 어떤 의미일까?

[POINT01]을 적용해서 기획의 올바른 정의인 '바라는 것을 새기는 것'
과 '이루다'의 사전적 의미인 '일정한 상태나 결과를 생기게 하는 것'[7]을
결합해 보면 결국 '기획을 이루는 것'이란 '바라는 것을 새기는 것이 결과
를 갖게 되는 것'으로 다시 정의해 볼 수 있다.

즉, 아래에서 설명하는 14가지 구성 요소들은 기획을 준비하고 실행하

---

7) '이루다'의 사전적 의미(표준국어대사전)

는 과정에서 만들어지는 개개의 결과물이라고 할 수 있다. 이러한 결과물들이 모여서 작게는 기획안이라고 하는 문서를 완성하게 되고 크게는 기획의 최종 가치를 확보하게 한다.

더불어 이 기획의 14 구성 요소는 필자가 지난 10여 년간 수백 건의 기획안을 작성하면서 확보한 '목차'를 나열한 것과도 같다.

따라서 '이 14 구성 요소만 잘 갖추면' 또는 '14 구성 요소에 대한 내용만 잘 작성하면' 훌륭한 기획안이 완성된다거나 기획을 아주 잘하게 된다고 여기는 심각한 오류를 절대 범하지 않길 바란다. 그것은[POINT07]에서 2회 축제 기획안을 잘 쓰기 위해서 제1회 기획안 대부분을 그대로 인용하는 것과 다르지 않기 때문이다.

기획의 14 구성 요소를 나열하면 아래와 같다.

No.	요소	No.	요소
1	의도	8	비용
2	개요	9	수익
3	목표	10	홍보
4	내용	11	전략
5	시장	12	과제
6	환경	13	일정
7	모델	14	효과

[POINT22] "기획의 14 구성 요소"

그럼 각 요소를 하나씩 살펴보자.

첫 번째, '의도'

기획의 14 구성 요소 중 첫 번째 요소는 '의도'다. 이것은 '기획의 본질' 첫 번째인 '핵심 가치'([POINT08])를 말한다. 이 기획을 왜 하는 것인지, 이 회사가 이 사업기획을 통해 얻으려고 하는 것이 정말로 무엇인지를 명확히 새기는 것을 의미한다. 만약 한 회사의 CEO가 다른 경영진의 공통되고 합리적인 의도와 전혀 다른 의도로 회사를 경영한다면 그 회사는 보나마나 '배가 산으로 올라가게 되는 결과'를 마주하게 될 것이다. 따라서 의도를 정하는 것은 기획을 시작하는 데 매우 중요한 첫 번째 고민이 되어야 한다.

개인도 마찬가지다. 대학 진학을 기획하는 경우, 취업을 기획하는 경우, 여행을 기획하는 경우, 결혼을 기획하는 경우, 창업을 기획하는 경우에 '내가 정말 대학을 왜 가려고 하는 거지?', '내가 취업을 하려고 하는 근본적인 이유는 뭘까?', '내가 이 여행을 통해 얻고 싶은 것은 무엇이지?', '내가 결혼하려는 진짜 이유?' '내가 창업을 하려는 궁극적인 이유는?'이라는 질문을 스스로에게 진지하게, 그것도 정말 진지하게 물어봐야 한다.

기획을 하면서 의도를 올바로 정리하는 것은 '옷의 첫 단추를 잘 채우는 것'과 같기 때문이다.

의도를 올바로 세우고 우선순위를 정하기 위해 먼저 의도를 나타내는 키워드를 [POINT15]의 '서클의 확장'을 통해 정리해야 한다.

'1인 커피 전문점 창업'의 경우를 생각해 보자. 그 창업자의 의도는 어떤 것들이 있을까?

'돈을 벌기 위해서', '제2의 인생을 설계하기 위해서', '부업으로', '가장 좋아하는 커피로 업을 삼기 위해서' 등이 주된 이유일 것이다. 그것이 과연 전부일까? 여기서 숨은 의도를 찾아 순위에 포함시키는 작업이 필요하다. 그럼 또 다른 의도를 생각해볼까? '아내가 선택한 업종이라', '창업 비용이 가장 적게 들어가니까', '하다가 망해도 크게 손해 볼 것이 없을 것 같아서', '우리 동네에 좋은 자리가 나서', '경영하다가 잘되면 딸에게 물려주려고' 등이 있을 것이다.

기획의 최상위 개념을 설명한 제6장(기획자의 자질)의 '맨 위에서 보는' 작업이 바로 이런 과정을 계속해서 습관처럼 거치는 것을 의미한다.

의도를 정리하고 그 순위를 정한다는 것은 기획의 14 구성 요소 중 다른 요소들에게 '어떤 영향을 미치는가'와 아주 밀접한 관계를 가지고 있다. 따라서 의도를 형성하는 제한 없는 키워드들을 나열하는 것부터 군집을 형성(sorting)하는 것 그리고 우선순위를 정하는 것은 기획을 할 때 또는 기획안을 작성할 때 가장 중요한 첫 번째 책임을 수행하는 것이 된다.

두 번째, '개요'

기획의 14 구성 요소 중 첫 번째 '의도'가 잘 형성되었다면 두 번째는 그 의도에 따라 이야기하려는 모든 내용을 한 눈으로 볼 수 있도록 '개요'를 작성하는 것이다. 이것은 다른 표현으로 '요약(summary)'이라고 할 수 있다. 보통 아파트 분양 사무소나 모델하우스에서 볼 수 있는 조감도와 같이 그림으로 설명되거나 기획안에서 한 페이지 안에 표로 정리된 것을 그 예로 볼 수 있다.

아래는 공연기획안에서 만날 수 있는 공연 개요의 한 예다.

구분	내용	비고
주최/주관	댄허코리아(DANHUR KOREA)	-
주관후원	주식회사 스넷트	-
후원	류충선국악기연구원, 루이미한복, 프랑스스트링, 한림대학교 글로벌협력대학원, 고려사이버대학교, 서울디지털대학교, 퍼블릭뉴스	추가 가능
기획/연출	허영훈	댄허코리아 대표
타이틀	국악앙상블 아라연 창단 14주년 기념 콘서트 "W____W"	'Window' 암시
일시	2020년 8월 1일(토) 오후 3시	90분 공연
장소	꿈의숲아트센터 퍼포먼스홀	283석
입장료	R석 4만원, S석 2만원	8세 이상 입장가
예매처	댄허코리아	-
문의처	댄허코리아 02.501.3669 / 010.9288.4569	-

구분	내용	비고
기타	선착순(R석 40석) 사전 예매자에게 최신 TWS 증정	개당 5~8만 원
출연진 (총10명)	국악앙상블 아라연 정단원 6명 (가야금 3명, 해금 2명, 피리 1명)	-
	객원 3명 (피아노 1명, 드럼 1명, 타악 1명)	-
	해설 1명	-
프로그램 (총15곡)	아라연 1~4집 수록곡 8곡, 5집 수록 예정곡 3곡, 영화 OST 등 대중적인 곡 4곡	연주 및 노래곡 (일부 변경 가능)

〈표 04〉 공연기획안 개요(예시)

위 표에서 볼 수 있는 바와 같이 정리된 개요의 내용을 보면, 누가, 언제, 어디서, 무엇을, 어떻게, 왜 하는지에 대한 궁금한 부분이 한 번에 해소되는 것을 알 수 있다.

그런데 중요한 것은 공연에 따라서 그리고 공연기획자의 '핵심 가치'([POINT08])에 따라서 위 표는 얼마든지 그 내용의 순서나 항목을 달리할 수 있다는 것이다. 위 개요가 후원 제안서에 삽입되는 경우, 정부 지원 사업 공모 신청서에 들어가는 경우, 언론사에 배포할 보도자료에 명시되는 경우가 모두 달라야 한다. 각각의 핵심 가치가 모두 다르기 때문이다. 만약 획일적으로 같은 표를 삽입한다면 결국 그것은 [POINT07]에서 언급한 '지난 기획안'을 아무 생각 없이 그대로 인용하는 오류를 범하는 것과 다르지 않다.

즉, 개요의 순서나 그 내용을 새기는 것(정리하는 것)에는 정답이 없다는 것을 잊지 말아야 한다.

세 번째, '목표'

기획의 14 구성 요소 중 첫 번째 '의도'와 두 번째 '개요'가 잘 정리되었다면 다음은 '목표'를 설정하는 단계다. 여기에도 [POINT08]의 핵심가치가 적용된다.

예시로 든 위 공연의 목표는 핵심 가치에 따라 구체적인 내용도 당연히 달라진다. 이 공연을 통해 수익을 극대화할 것인가, 수익과 관계없이 객석을 모두 채울 것인가, 수익이나 관객 수와 관계없이 이슈를 만들 것인가, 연주자들에게 평생 기억에 남을 좋은 무대를 선물할 것인가 등이다.

만약 수익과 관계없이 예매처 오픈 후 가장 빠른 시간 내에 객석을 모두 채우는 것이 궁극의 목표라면 기획의 14 구성 요소 중 열 번째 '홍보', 열한 번째 '전략'과 밀접한 관계를 이루어 목표를 설정해야 하며, 결국 이러한 목표는 마지막 요소인 '효과'에 그대로 반영된다.

그런데 단순히 '가장 빠른 시간 내에 객석을 모두 채우는 것'만 목표가 되면 어떻게 될까?

공연 제작에 자금이 얼마나 투입되는지, 연주자들이 즐겁게 연주할 수 있는지, 관객들이 공연을 보고 나서 아낌없는 박수와 환호를 보내게 될지 등을 전혀 고려하지 않고 무조건 객석만 채우는 것이 올바른 목표가 되지는 않을 것이다.

이를 구체적이면서도 타당한 생각으로 다시 적어보자.

이번 국악앙상블 아라연 창단 14주년 기념 콘서트의 목표는 이렇다.

"공연 기획자와 연출가는 연주자와 관객 모두가 잊지 못할 훌륭한 공연을 제작하기 위해 최선의 노력을 기울이고, 가용한 예산 내에서 최적의 자금을 투입해 가장 효과적인 공연 제작에 임하는 가운데, 획기적인 홍보 전략으로 국악앙상블 아라연의 기존 팬들을 포함하는 새로운 관객들을 창출하면서 포스터 디자인 완료 후 홍보 개시일로부터 14일 내에 283석 중 50석은 주관 후원사에 제공하고 133석은 학교, 단체, 기업대상 홍보를 통해 단체 관람을 유도하고, 100석은 기획자, 연출가, 연주자 중심의 지인들로 초대하고 이에 대한 '노쇼(no show)[8]'를 방지하기 위해 관람객 전원에게 공연 후 로비에서 연주자들의 사인이 모두 담긴 아라연 음반을 1인 1장씩 무료로 배포함으로써 빈자리 없이 객석을 모두 채운다."

어떤가? 목표를 달성하기 위한 구체적 방법들과 과제들을 도출해 내

---

8) 영어로는 'no show'를 이렇게 정의하고 있다: 'a person who is expected but does not arrive'

는 데 좀 더 수월한 정리가 아닌가? 물론, 기획안에 이러한 내용을 모두 목표 페이지에 담을 수는 없다. 그러나 기획자는 목표를 설정할 때 목표에 대한 구체적 고민을 미리 새기는 작업을 반드시 거쳐야 한다.

[POINT01]의 온전한 정의와 [POINT15]의 '서클의 확장'을 다시 떠올려보자.

그리고 위에 작성된 구체적 목표를 달성하기 위해 다시 '정의해야 할 것', '알아야 할 것', '필요한 과제'들을 도출해 보자. 이미 알고 있는 것들이나 아는 척했던 것들 모두 다 말이다.

'공연', '기획', '기획자', '연출가', '연주자', '관객', '잊지 못할 훌륭한 공연', '제작', '최선의 노력', '가용한 예산', '최적의 자금 투입', '가장 효과적인 공연 제작', '획기적인 홍보 전략', '국악앙상블 아라연', '기존 팬', '새로운 관객', '창출', '포스터', '디자인', '완료', '홍보', '개시', '14일', '283석', '50석', '주관후원사', '초대', '제공', '133석', '학교', '단체', '기업', '단체 관람', '100석', '지인', '노쇼(no show)', '방지', '로비', '사인', '음반', '1장', '무료', '배포', '빈자리', '채운다' 정도가 될 것이다. 이 단어들은 모두 기획의 14 구성 요소 중 필요한 부분에 각각 배치되어 고민되어야 한다.

'목표를 달성한다는 것'은 이렇게 위에 열거한 모든 것들을 [POINT08]의 '핵심 가치'에 따라 하나씩 하나씩 그 완성도를 높여가는 것이다.

네 번째, '내용'

기획의 14 구성 요소 중 첫 번째 '의도'와 두 번째 '개요' 그리고 세 번째 '목표'가 잘 정리되었다면 다음은 '내용'을 정리하는 단계다. 가장 많은 시간과 도움이 필요한 단계다.

기획안의 본문을 이루는 대부분의 내용은 모두 올바른 기획을 위해 필요로 하는 'K([POINT18])'를 확보하면서 생긴 것들에 대한 '새김'이다. 우리가 알고 있는 '육하원칙' 중 '무엇을(what)'에 해당하는 부분이라고 할 수 있으며, 두 번째 요소인 '개요'를 구체적으로 묘사하는 것을 말한다.

과거에 이미 어떤 기업에서 만들었을 '스마트폰용 음성 인식 소프트웨어 개발기획안'을 상상해 보자. 만약에 세상에 없던 기술이 적용된 경우라면 이 기획안을 받아보는 기업의 대표는 궁금한 것이 너무도 많을 것이다.

어떤 원리며, 어떤 기술이 필요하고, 구동 방식은 무엇이고, 연동되는 소프트웨어는 무엇이며, 스펙(사양)은 어떻게 되며, 스마트폰에 어떻게 적용시키고, 사람들의 음성을 어떻게 인식하고, 어떻게 신호로 변환시키는가 등에 대한 상세한 내용을 담게 될 것이다. 그보다 세부적인 로직이나 설계 내용은 통상 기획안의 첨부로 붙게 된다.

공연기획안에서의 내용을 살펴보자.

공연의 주된 내용에는 누가 출연하며, 어떤 시나리오를 가지고 있고, 장면별 구성은 어떻게 되며, 무대는 어떻게 꾸며지고, 소품은 어떻게 제작하는지, 음악은 어떻게 만드는지, 무대에서 연주팀을 운영할지 그리고 어떤 연출이 이루어지는지 등과 함께, 연습은 어디서 어떻게 진행되고, 대관은 어떻게 할지, pre-production 단계에서는 어떤 작업이 진행되는지 등을 작성하게 된다.

스폰서십(sponsorship) 기획안에서도 그 내용을 찾아보자.

간단히 설명하면 '주는 것과 받는 것'이 무엇인지를 작성하는 것이다. 제안자가 후원자에게 요청하는 내용과 함께, 이와 반대로 제안자가 후원자에게 줄 수 있는 반대급부나 혜택들을 자세히 설명하는 내용이 포함된다. 이렇게 '주고받는 것'은 계약서에도 잘 적용된다. '계약 체결 기획안'을 작성하게 된다면 계약서의 주요 내용, 즉 '주는 것과 받는 것'에 대한 내용을 상세히 정리하게 될 것이다.

다섯 번째, '시장'

기획의 14 구성 요소 중 첫 번째 '의도', 두 번째 '개요', 세 번째 '목표', 네 번째 '내용'이 잘 정리되었다면 다음은 수요를 예측해서 '시장(market)'을 정하는 단계다. '수요를 예측해서 시장을 정하는 것'은 무엇을 말하는 것일까? 그것은 상품이나 서비스 또는 콘텐츠의 고객이 될 대상을 분석해서 수익 또는 고객 창출이 지속적으로 일어날 구체적인 장소나 그 영역을 정하는 것을 말한다. 물론 그 장소나 영역은 일반적인 오프라인 시장과 더불어 인터넷, 모바일 등의 가상 공간[9](cyberspace)도 포함한다.

기획안을 구성하는 목차 중에서 시장을 정리한다는 것은 기획하고자 하는 상품이나 서비스 또는 콘텐츠에 대하여 소비 또는 사용이 일어나는 곳을 정하는 것을 의미한다.

그럼 위 두 번째 '개요'에서 살펴본 국악앙상블 '아라연' 공연의 시장은 어디일까? 당장은 '공연 시장'이라고 답할 수 있을 것이다. 그러나 공연 시장이 위 공연의 유일한 시장은 아니다. 해당 공연을 수준 높은 영상으로 제작한다면 인터넷 또는 모바일 영화 시장 내지는 영상 시장도 경쟁력 있는 시장이 될 수 있다. 문학예술의 한 장르가 되는 출판시장도 좋은 시장이 될 수 있다. 지난 14년간 '아라연'이 걸어온 발자취, 경쟁력, 변화, 음악 세계, 연주자, 프로모션 방향 등을 분석한 자료들을 모아 책으로 펴내서 국내 공연기획 또는 앙상블 프로모션에 대한 가이드북이 되어 공연계 발전에 직접 기여할 수도 있을 것이다.

'시장'에는 당연히 관련 시장의 상황도 포함하고 있다. 위 공연을 예로 들 때 현 국내 공연 시장의 상황은 어떠한지 조사하고 분석하는 것을

---

9) 표준국어대사전에서는 '가상공간'을 '컴퓨터에 의하여 현실이 아닌 허상으로 만들어진 공간'이라고 정의하고 있다. https://stdict.korean.go.kr/search/searchView.do?word_no=1923&searchKeywordTo=3

말한다. 여기에는 공연 시장 소비자의 성향도 함께 다루는 것이 일반적이다.

요즘 공연 시장은 활발히 돌아가고 있는가, 정통 국악 공연과 퓨전 국악 공연은 각각 어떤 시장을 형성하고 있는가, 국악 공연에 관객들은 주머니에서 자신의 돈을 꺼낼 준비가 되어 있는가, 되어 있다면 얼마를 기꺼이 입장료로 지불할 생각이 있는가, 공연을 관람하는 기존 고객과 새로운 고객의 비율은 어떻게 되는가, 또 그러한 고객들 중에서 국악 공연을 관람하는 고객들은 몇 %나 되는가, 최근 정통 국악이나 퓨전 국악에 유료 관객이 대거 몰린 공연은 어떤 공연이었나 등을 조사하고 그 결과를 분석하는 것은 공연을 성공적으로 이끄는 데 매우 중요한 역할을 한다.

여섯 번째, '환경'

기획의 14 구성 요소 중 첫 번째 '의도', 두 번째 '개요', 세 번째 '목표', 네 번째 '내용', 다섯 번째 '시장'이 잘 정리되었다면 다음은 '환경'을 분석하고 진단하는 단계다.

'환경'은 보통 '대내외환경'으로 설명된다. '대내(對內)환경'이라고 하는 것은 '내(회사)가 처한 환경'을 말하는데, 자금, 인력, 인프라, 네트워크, 기술, 경쟁력, 포지션, 경험, 회사 내규 등이 그것이며, 이 외에도 경영자의 의지, 가치, 태도 등 심리적이거나 철학적 상태도 포함된다.

'대외(對外)환경'이라고 하는 것은 '나(회사) 이외의 환경'을 말한다. 앞에서 설명한 기획의 14 구성 요소 중 다섯 번째 '시장'도 이에 해당한다. 외주업체, 외부 인력, 정부 지원, 관련 법규, 평가, 모객 등이 포함된다.

위에서 제시한 국악앙상블 '아라연' 창단 14주년 콘서트의 대내외 환경을 정리하면 아래와 같다.

구분	대내환경	대외환경
제작비	자체 자금으로 제작비의 60%를 감당할 수 있다.	후원 기업을 확보해 제작비의 40%를 감당한다. 또는 공연 지원 공모사업에 선정될 경우 자체 자금을 포함해 제작비의 110%를 확보할 수 있다.
인력	creative team(기획, 연출, 작곡 등) 외에는 인력이 없다.	pre-production team과 production team 전문 인력은 외주사에 의뢰하거나 프리랜서 또는 아르바이트를 채용할 수 있다.
연주자	국악기 연주자들과 피아노 연주자는 '아라연' 정단원으로 활동하고 있다.	타악, 드럼, 키보드, 소리 등은 객원 연주자로 출연시킨다.
악기	신시사이저 (synthesizer)를 보유하고 있다.	그랜드피아노는 외부업체에서 대여하고, 그 외는 객원 연주자들이 직접 악기를 가지고 오게 한다.
포스터 등 디자인	포스터, 현수막, 배너 등은 온라인 인쇄업체 디자인 툴을 사용해서 직접 디자인할 수 있다.	온라인 인쇄업체를 통해 포스터, 현수막, 배너 제작을 주문한다.
연습실	자체 보유한 개인 연습실을 콘서트 준비 개인 연습실로 활용한다.	출연자 전체가 연습할 수 있는 큰 연습실을 대여한다.
모객	기존 '아라연'공연을 관람한 관객들로 객석의 30% 이상을 채울 수 있다.	후원사 초대, 이벤트 사전 예매 등으로 객석의 30%를 채울 수 있다.
	코로나19의 위험 및 이에 따른 정부 방침으로 인해 전체 객석의 50%만 운영할 수도 있다.	

〈표 05〉'아라연' 창단 14주년 콘서트 대내외 환경표(예시)

위 '환경'에 대한 분석은 마케팅 분석으로 활용되는 'SWOT 분석' 기법으로 대체할 수 있다. 'SWOT 분석'은 보통 아래와 같이 설명된다.

기업의 내부 또는 외부 환경에 따라 강점(strength), 약점(weakness), 기회(opportunity), 위협(threat) 요인을 설정하고 이를 토대로 경영 전략을 수립하는 기법으로, 미국의 경영컨설턴트인 알버트 험프리(Albert Humphrey)에 의해 고안되었다. 기업의 내부 환경을 분석하여 강점과 약점을 찾아내며, 외부 환경 분석을 통해서는 기회와 위협을 찾아낸다. SWOT 분석의 가장 큰 장점은 기업의 내·외부 환경 변화를 동시에 파악할 수 있다는 것이다.

- 강점(strength) : 기업의 내부 환경에서 나타나는 강점
- 약점(weakness) : 기업의 내부 환경에서 나타나는 약점
- 기회(opportunity) : 외부 환경(경쟁사, 고객, 거시적 환경)에 의한 기회
- 위협(threat) : 외부 환경(경쟁사, 고객, 거시적 환경)에 의한 위협

SWOT 분석은 외부로부터의 기회는 최대한 살리고 위협은 회피하는 방향으로 자신의 강점은 최대한 활용하고 약점은 보완한다는 논리에 기초를 두고 있다. SWOT 분석에 의한 경영 전략은 다음과 같이 정리할 수 있다.

- SO전략(강점-기회 전략) : 강점을 키워 기회를 포착
- ST전략(강점-위협 전략) : 강점을 키워 위협을 회피
- WO전략(약점-기회 전략) : 약점을 보완하여 기회를 포착
- WT전략(약점-위협 전략) : 약점을 보완하여 위협을 회피

위에 설명된 'SWOT 분석'과 관련해 기획자 관점에서 유의할 점은, 강

점과 약점은 내부 환경으로, 기회와 위협은 외부 환경으로 사전에 정해버리면 안 된다는 점이다. 강점과 약점 역시 외부에서 직접 찾을 수 있으며, 기회와 위협 요인 역시 내부에서 직접 발생할 수 있다.

[POINT09]로 다시 돌아가 기획의 본질 중 '백지 상태'를 다시 들여다 볼 것을 권한다.

일곱 번째, '모델'

기획의 14 구성 요소 중 첫 번째 '의도', 두 번째 '개요', 세 번째 '목표', 네 번째 '내용', 다섯 번째 '시장', 여섯 번째 '환경'이 잘 정리되었다면 다음은 '모델'을 정하는 단계다.

'모델'이란 어떤 사물이나 개념에 대한 구조나 작업을 보여주기 위한 패턴, 계획, 또는 설명을 말한다.

기획에서 '모델'이라고 하는 것은 어떤 일이나 과제를 수행할 때 어떤 형태로 추진할 것인가를 정하는 것이다.

IT회사의 '기술 개발' 사례를 들여다보자.

회사 내부에 자체적으로 R&D(Research and development) 인력과 기술 개

발 능력을 갖춘 경우에도 CEO는 개발 능력, 개발 기간, 개발 비용, 개발 절차, 예상 결과물, 예상 수익, 위험 요소 등에 따라 100% 자체 개발할 것인지, 전적으로 외주업체에 맡길 것인지, 아니면 외주업체와 공동으로 개발할 것인지를 충분히 검토해야 한다.

아무리 훌륭한 개발 인력을 갖추고 있더라도 자체 개발이 외주 개발보다 비용이 훨씬 많이 투입되는 경우, 자체 개발은 가능하지만 개발 기간이 너무 길어서 'Time to market'을 놓치게 되는 경우, 당장은 자체 개발을 통해 자사 제품에 적용할 수는 있지만 향후 원기술자(회사)의 특허를 침해할 가능성이 큰 경우 등 CEO는 자체 개발보다는 외주 개발 또는 공동 개발로 그 모델을 변경해야 한다.

이러한 모델에 대한 고민은 공연을 제작하는 경우에도 마찬가지다.

공연 제작사가 시나리오 작가, 연출가, 작곡가 등 자체 'creative team'을 보유하고 있더라도 공연의 규모, 장르, 대상관객, 제작 비용, 공연 기간, 공연장 등에 따라 제작 비용을 전액 부담할 것인지, 아니면 공연장이나 다른 공연 제작업체와 공동으로 제작할 것인지, 또는 기획, 제작, 홍보를 서로 분리해서 자사는 기획만 담당하고 제작이나 홍보는 다른 협력사에 맡길지를 고민하는 경우다.

다른 각도의 고민도 포함된다. 출연 배우를 해당 공연에 한해 외부 공개 오디션을 통해 선발할 것인지 아니면 전속 계약을 통해 소속시킬지를 고민하는 것도 여기에 해당한다.

나아가 한국문화예술위원회, 서울문화재단 등 정부나 지자체의 공연 제작 지원 사업 공모를 통해 지원금+자부담 형태로 갈 것인가를 검토하는 것도 모델을 정하는 것에 포함된다.

서비스 업종도 마찬가지다.

커피 전문점을 창업하는 경우 최소 인력과 최소 공간에서 테이크아웃 전문점으로 창업할 것인지 아니면 홀 인테리어가 잘된 매장을 보유할 것인지 또는 창업 자금 규모에 따라서 공간을 매입하거나 임대하는 등의 선택에 관한 고민도 모델을 정하는 작업에 해당한다.

위 사례들은 모두 기획이 필요한 경우고 모델에 대한 충분한 고민이 필요한 경우라면 기획자는 각각 '기술 개발 모델 기획안', '공연 제작 모델 기획안', '창업 모델 기획안'을 작성해야 하며 여기에도 기획의 본질 3가지 ([POINT08], [POINT09], [POINT10])가 당연히 적용되어야 한다.

여덟 번째, '비용'

기획의 14 구성 요소 중 첫 번째 '의도', 두 번째 '개요', 세 번째 '목표', 네 번째 '내용', 다섯 번째 '시장', 여섯 번째 '환경', 일곱 번째 '모델'이 잘 정리되었다면 다음은 '비용'을 정하는 단계다.

통상 수입에서 비용을 제외한 경우를 수익이라고 할 때 그 '비용'을 말하며 개발 비용, 제작 비용, 생산 비용, 유통 비용, 홍보 비용, 운영 비용등으로 나누어진다.

비용 확보 역시 자체 비용으로 할 것인지, 차용할 것인지, 지원이나 후원을 받을 것인지 일곱 번째 요소 '모델'에 관한 고민이 적용된다.

여기서 중요한 점은 비용에 관한 기획은 단순히 비용 산정(calculation of expense)만을 고민하는 것이 아니다. 비용 산정은 [POINT06]에서 설명한 '계획'에 해당한다. 그럼 비용 산정에서 기획은 어디까지를 고민하는 것일까?

비용 확보를 위한 은행 대출을 고민하는 경우를 [POINT15]의 서클의 확장을 통해 들여다 보자.

서클 내부의 가장 작은 원 안에는 '은행 대출'을 적어 넣는다. 그리고 은행 대출을 통한 여러 가지 현상, 상태, 관계, 영향 등에 해당하는 키워드들을 확장되는 원에 최대한 많이 기입해 본다.

그 중에는 은행 대출 상품도 보이고 은행과 자사와의 관계 형성도 고려된다. 더불어 대출 규모와 상환 능력에 따른 자사 신용도도 보이고 자사에 대한 혜택도 검토하게 된다. 당연히 담당 직원이나 지점장과의 관계도 중요한 요소로 보이게 될 것이다.

이렇듯 기획의 구성 요소 중 비용을 정한다고 하는 것은 단순히 비용의 확보 또는 투입을 고민하는 데 머무는 것이 아니라 비용이 가져오게 될 여러 가지 영향이나 결과를 다양한 각도로 미리 생각하는 것([POINT05])을 말한다.

따라서 회사 등 조직에서 기획자(기획이사나 기획팀장)는 기획마인드를 갖고 있지 않은 CEO가 '쓸데없는 고민'이라고 치부할 수 있는 것들까지 정리해서 보고할 수 있는 자가 되어야 한다.

아홉 번째, '수익'

기획의 14 구성 요소 중 첫 번째 '의도', 두 번째 '개요', 세 번째 '목표', 네 번째 '내용', 다섯 번째 '시장', 여섯 번째 '환경', 일곱 번째 '모델', 여덟 번째 '비용'이 잘 정리되었다면 다음은 '수익'을 정하는 단계다.

기획의 요소에서 수익이란 통상 사업기획안이나 상품기획안 등에서 찾아볼 수 있는 수익 시뮬레이션(simulation) 및 그 결과를 말한다.

'input' 대비 'output'의 관계를 설명하고 그 결과를 표시하는 것이 가장 기본적인 형태지만 그 둘 사이의 과정에서 발생하는 여러 변수에 따라 수익의 형태가 규모나 달라지는 것을 고민하는 단계다.

여기서 기획자는 위 '변수'가 되는 가짓수를 최대한 고민해서 우선순위를 정한 후 시뮬레이션에 포함시키는 역할을 수행해야 한다.

공연 제작에 따른 수익 시뮬레이션을 가정해 보자.

시뮬레이션에서 고려해야 할 우선순위들은 제작비 1억, 14회 공연(주말과 공휴일 각 2회), 250석의 대학로 소극장, 주 관객층은 30대 미혼남녀 등이다.

여기서 수익에 영향을 미치는 요소들은 어떤 것들이 있을까?

대표적으로는 입장료와 관객 수가 있을 것이고 프로그램북이나 OST CD 등 부수적으로 판매하는 상품들이 있을 것이다. 가장 쉽게는 할인율을 반영한 회당 '평균 입장료 × 평균 관객 수'가 기본적인 수입의 형태가 될 것이다.

그런데 여기서 또 고려해야 할 세부 요소들이 있다.

전석을 균일가로 할 것인가, 아니면 R석, S석, A석 등 좌석을 등급별 차등을 둔 금액으로 구분할 것인가, 또는 초대는 몇 %로 할 것인가, 현장 매표는 전체 좌석의 몇 %로 할 것인가 등이 고려되어야 한다. 이와 함께 예매자나 초대를 받은 사람들이 '노쇼(No Show)'인 경우를 대비해 입장권의 현장 판매 수량을 일정 부분 늘려야 하는 경우도 고려해 볼 수 있다. 중요한 것은 수익을 발생시키거나 감소시키는 변수들은 생각보다 많다는 것이고 기획자는 기존 다른 공연에 적용된 수익 시뮬레이션을 그대로 가져와서는 안 된다는 것이다. 거듭 강조하지만 문화예술 부문은 정답에서 출발하지 않기 때문이다. (《표 04》의 개요를 다시 들여다보자.)

열 번째, '홍보'

기획의 14 구성 요소 중 첫 번째 '의도', 두 번째 '개요', 세 번째 '목표', 네 번째 '내용', 다섯 번째 '시장', 여섯 번째 '환경', 일곱 번째 '모델', 여덟 번째 '비용', 아홉 번째 '수익'이 잘 정리되었다면 다음은 '홍보'를 고민하는 단계다.

기획의 관점에서 '홍보'란 '분명한 메시지를 최적의 채널에 실어서 가능한 한 많은 잠재 고객에게 효과적으로 전달하는 것'을 말한다. 단순히 '홍보물을 예쁘게 만들어서 뿌리는 것'과는 차원이 달라야 한다. 다시 말해 이번 사업이나 제품, 서비스에 대한 '홍보'의 '핵심 가치'([POINT08])가 무엇인지를 고민해야 한다. 과거 제품이나 서비스에 적용된 사례가 아닌 백지 상태([POINT09])에서 시장 환경 조사, 트렌드 분석, 소비자 성향 파악, 사회적 현상 연구 등 다양한 공부([POINT10])를 통해 기획안에 반영하는 것이 필요한 것이다. 그것도 올바른 시기(Right Time)에, 올바른 예산(Right Budget)으로, 올바른 채널(Right Channel)에 실어 올바른 대상(Right

Target)에게 전달하는 것이 홍보의 핵심이라고 할 수 있다.

혹시나 위 단락을 그냥 빠르게 읽어 내려왔다면 기획자가 놓쳐서는 안될 위 홍보의 정의를 구성한 키워드들을 다시 한번 하나씩 살펴보자.

'분명한 메시지', '최적의 채널', '많은 잠재 고객', '효과적 전달'이 그것이다. 여기서 중요한 것은 이 정의를 암기해서 잊지 말고 적용하는 것이 아니라 여러분 스스로가 충분히 고민한 것을 여러분의 회사나 조직에 맞게 재정의하는 것이고 정의된 키워드 하나하나를 면밀히 검토하라는 것이다.

먼저, '분명한'이라고 하는 것은 혼란을 주지 않거나, 오해를 일으키지 않거나, 일관성을 가지거나, 기억에 잘 남도록 한다는 의미로 세분화해서 지금 이 제품이나 서비스에 가장 우선순위로 적용해야 하는 것은 무엇인지 체계적으로 정리하는 것을 말한다.

이것이 정리되고 정의되어야만 그다음에 필요한 '메시지'를 만들 수 있다. 메시지 역시 형태, 길이, 성격, 문체 등에 따라 수신자 입장에서는 하늘과 땅만큼 다른 느낌으로 다가오기 때문에 이에 대한 다양한 고민과 연구가 반드시 이어져야 한다.

다음 '최적의 채널'을 살펴보자. 현재 세계는 페이스북, 인스타그램, 유튜브 등 소셜 미디어(Social Media)를 활용해 모든 콘텐츠를 실시간으로 전달하고 만난다. 거의 모든 제품과 서비스가 콘텐츠화되어 온라인 홍보물로 만들어지고 있다고 해도 과언이 아니다.

메시지와 채널의 관계를 도식화하면 아래와 같다.

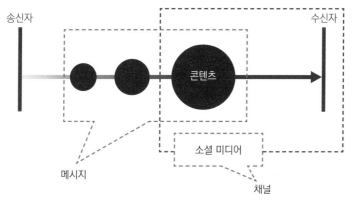

〈그림 07〉 메시지와 채널의 관계도

잠깐, 여기서 기획자가 그냥 넘어가서는 안 되는 것이 바로 '콘텐츠'의 정의다. 다양한 정의 가운데 필자는 분명한 근거가 되는 국내법인 '콘텐츠산업진흥법[10]'에 따라 이를 정의한다([POINT01])의 중요성을 거듭 인식하자).

제1장(총칙) 제2조(정의) 제1항 1호에 의한 정의는 아래와 같다.
'콘텐츠'란 부호 · 문자 · 도형 · 색채 · 음성 · 음향 · 이미지 및 영상 등

---

10) 약칭 '콘텐츠산업법'(법률 제16694호/2019.12.3. 일부개정/시행 2020.3.4.)

(이들의 복합체를 포함한다)의 자료 또는 정보를 말한다.[11]

이렇게 '콘텐츠'라고 하는 것은 넓은 의미의 채널(신문, 방송, 전단지, 소셜 미디어 등)을 통해 전달될 수 있는 모든 '표현 요소'라고 재정의할 수 있다.

그럼 현대 사회의 모든 제품과 서비스는 소셜 미디어라고 하는 가장 널리 확산된 채널을 통해서만 그 메시지가 전파되어야 하는 것인가? 필자는 단연코 '그렇지 않다'고 대답한다.

'최적의 채널'이라고 하는 것은 트렌드에 맞는 '최신 채널'을 의미하는 것이 아니다. 그 제품이나 서비스가 전달하려는 메시지가 어떤 방향과 방법을 거쳐 수신자(고객)에게 도달하는 것이 가장 효과적이고 효율적인 것이냐를 말하는 것이다. 즉, 감성이나 느낌 등 고객의 심미적 효과를 가장 우선적으로 자극하는 제품이라면 온라인 채널이 아닌 오프라인 채널로 접근하는 전략을 수립해야 하는 것과 같은 맥락이다.

무대 위에서 실연되는 '공연' 상품이 대표적이다. 2020년 COVID19가 가져다 준 '언택트(Untact) 공연' 또는 '온택트(Ontact) 공연'이 생겨나면서 그동안 COVID19의 위협으로 가까이 할 수 없었던 공연 관람을 편히 온라인이나 모바일로 관람할 수 있다고 홍보하거나 '공연 예술이 살길'로 대

---

11) 그래서 '컨텐츠'는 잘못된 표기다. 국내 정부 기관에서도 '컨텐츠'가 아닌 '콘텐츠'로 통일하여 사용하고 있다.

안처럼 제시하면서 공연 예술을 영상 예술의 콘텐츠로 탈바꿈시키는 경우가 많아졌다.

그러나 이것은 공연을 관객과 만나게 하는 '최적의 채널'은 아니라는 점을 지적하고 싶다. 공연 예술은 영상 예술과 분명히 구분되고, 어떤 경우에도 영상 예술로 대체될 수 없기 때문이다. 오히려 공연 예술도 영상으로 충분히 감상하고 즐길 수 있다는 잘못된 의식을 국민들에게 심어줄 위협만이 존재할 뿐이다. 더 나아가 COVID19로 공연에 목말라하고 있는 예술가들을 지원하는 정부나 지자체의 사업은 더욱 문제가 심각하다.

너나 할 것 없이 '온라인 공연' 제작에 필요한 자금을 지원하는 형태로 움직이고 있기 때문이다. 정부나 지자체에 올바른 기획자가 있다면 그런 사업은 추진되지 않았을 것이다.

2020년 한 해 온라인 공연 제작 지원을 통해 얻은 것은 예술가의 출연료 하락, 영상 제작사의 제작비 증가, 공연장이 아닌 장소들의 대관료 증가, 예술가들이 무대가 아닌 유튜버로의 활동 증가, 온라인 플랫폼 속에서의 과다한 경쟁 등이다. 이러한 현상들을 당연하거나 긍정적 현상으로 보는 학자나 전문가들도 물론 있다. 큰 그림으로 보면 '잘 돌아가기 때문'이다. 그러나 이러한 평가는 인공 지능이 가져다 줄 미래의 혜택과 예술의 경계를 '기술적'으로 무너뜨리는 결과라는 점을 또한 지적하고 싶다.

올바른 기획자라면 COVID19의 위협이 존재하는 기간을 최종 성공적인 백신 개발까지의 단계별 상황으로 설정해서 해당 기간 동안 공연 예술

창작에 무게중심을 두고 차세대 예술가와 정부 전문가 육성, 무대 효과 등 기술 개발, 공연장 활성화 등의 중장기적 안목으로 지원 사업을 기획하고 국민들에게 오프라인 공연을 위한 '기다림'을 홍보하는 데 주력했어야 한다.

이렇듯 기획안에 담길 홍보의 역할은 매우 중요하다. 조직 내에서 홍보팀을 별도로 만들고 홍보기획안을 별도로 작성하는 이유도 마찬가지다. 만약 홍보팀 책임자가 기획자의 마인드 없이 자신의 그동안의 경험과 사용했던 '툴(tool)'로만 홍보 전략을 수립한다면 그 전략은 지난 비슷한 홍보의 결과와 크게 다르지 않다는 것을 잊어서는 안 될 것이다.

열한 번째, '전략'

기획의 14 구성 요소 중 첫 번째 '의도', 두 번째 '개요', 세 번째 '목표', 네 번째 '내용', 다섯 번째 '시장', 여섯 번째 '환경', 일곱 번째 '모델', 여덟 번째 '비용', 아홉 번째 '수익', 열 번째 '홍보'가 잘 정리되었다면 다음은 '전략'을 고민하는 단계다.

'전략'의 사전적 정의는 '전쟁을 전반적으로 이끌어 가는 방법'으로, 전술보다 상위의 개념이며, 정치, 경제 등 사회적 활동을 하는 데 필요한 책략'으로도 설명된다.

기획의 관점에서 '전략'이란 기획의 첫 번째 본질인 '핵심 가치'([POINT08])를 구체적으로 실현하는 것을 의미한다. 따라서 전략을 수립한다는 것은 핵심 가치를 확보하기 위한 가장 확실한 방법을 찾는 것이다.

그러나 그에 앞서 고민해야 할 핵심 키워드는 전략의 한자인 '戰略'에 있다. 바로 '싸움 戰'과 '다스릴 略'의 결합이 그것인데, 이를 풀어서 쓰면 전략이란 '싸움을 다스리는 일'이 된다. 즉, 전략을 수립한다는 것은 목표를 달성하기 위해 직면하게 될 싸움을 잘 다스리는 것으로 해석할 수 있다.

그럼 사업 기획, 조직 기획, 상품 기획, 공연 기획, 마케팅 기획, 고객 서비스 기획 등 다양한 기획에서 마주하게 되는 싸움은 과연 무엇일까?

'조직 기획'을 그 예로 들어보자. 한 중견 기업의 인사팀이 코로나(COVID19) 시대를 맞아 6개월의 기간을 두고 2021년 6월 말까지 조직 혁신 작업을 완료하는 목표를 삼았다면 6개월 동안 마주하게 될 싸움은 어떤 것들이 있는가? 매출 감소에 따른 비용 절감, 인건비 절감, 원가 절감, 인사이동, 권고사직 등 구조 조정 수준에 머무는 계획을 수립했다면 그것은 전략 없는 기획에 불과하다.

'서클의 확장'([POINT15])을 활용해 마주하게 될 싸움들을 보다 넓은 영역으로 확대해 보자.

- 조직 혁신 작업을 임직원들이 어떻게 받아들일 것인가에 대한 고민
- 조직 혁신 과정의 합리성과 결과의 공정성에 대한 임직원들의 반응
- 임직원들의 가족이 인식하게 될 기업 조직 혁신에 대한 평가
- 언론이 다루게 될 조직 혁신의 과정과 성과에 대한 평가
- 조직 혁신과 복리후생과의 관계
- 인사 발령 근거의 타당성과 발령 당사자의 인식문제
- 조직 혁신과 인사이동에 따른 관련 법령과 회사 규정에 대한 검토
- 노사 합의를 위한 관련 문제들
- 조직 혁신 트렌드와 유사 사례 분석
- 주식 시장과 주가에 미칠 영향들
- 조직 혁신 과정에 참여하는 TFT와 각종 협의체의 구성에 관한 문제
- 조직 혁신 일정에 따른 임직원 대상 공유시기와 방법
- 조직 혁신 결과물에 대한 정량적, 정성적 평가방법
- 조직 혁신에 따른 중장기적 기대효과
- 기타 물질적·심리적 문제를 야기할 가능성이 있는 제반 문제들

이 외에도 회사의 규모, 사정, 대내외 환경에 따라 마주하게 될 싸움들은 헤아릴 수 없을 정도로 많다.

그렇다면 이와 같은 싸움을 잘 다스리기 위해서는 무엇을 해야 할까?

'다스리다'가 가지고 있는 사전적 의미에서 핵심 키워드만을 뽑아내면 '관리', '통제', '정리', '처리', '수습' 등이다. 이를 전략과 연결시키면, 위에

서 정리한 싸움들 가운데 어떤 것은 관리하고, 어떤 것은 통제하며, 어떤 것은 정리하고, 어떤 것은 처리하거나 수습해야 하는 것을 의미한다.[12]

이러한 각각에 대한 가장 적합한 '시기(on time)', 적합한 '비용(on budget)', 적합한 '범위(on scope)'를 찾아내서 완성하는 것이 전략의 핵심이다.

그러나 '다스리다'가 갖는 의미의 최종 목적은 '바로잡는 것'임을 간과해서는 안 된다. 회사 일방의 입장에서 각각에 대한 관리나 통제 등이 적절하게 이루어졌다고 해서 그 조직 혁신이 성공적으로 마무리되었다고 단정지어 말할 수 없다.

그러나 또한 조직의 구성원 모두가 만족하는 결과물을 만들어낸다는 것도 불가능하다. 왜냐하면 각자 자신의 '핵심 가치'([POINT08])가 다 다르기 때문이다.

결론은, 기획자 입장에서 조직 혁신을 위한 전략을 수립한다고 하는 것은 기획하는 과정에서 직면하게 될 싸울 거리를 최대한 많이, 그리고 미리 찾아내고, 각각에 대한 가장 적합한 문제 해결 방법(관리, 통제, 정

---

12) 이 경우 기획자는 관리, 통제, 정리, 처리, 수습에 대한 정확한 definition(정의)을 정리하는 것부터 시작해야 한다. 물론, 회사 입장에서의 '조작적 정의'도 포함된다. 만약 이러한 정의를 회사 차원의 규정으로 문서화했다면 이와 같은 조직 혁신이나 구조조정 등에 효과적으로 사용될 수 있다. 이것이 바로 기획의 정의([POINT02])를 그대로 실천하는 것이다.

리 등)을 도출해서 충분히 시뮬레이션하고, 기대되는 정량적, 정성적 결과물에 대해 조직 구성원의 몇%까지 핵심 가치에 부합하도록 할 것인가를 조정하는 한편, 핵심 가치가 다른 구성원에 대한 납득할 만한 보상을 [POINT15]에 따라 순차적으로 마련하는 것으로 설명될 수 있다.

열두 번째, '과제'

기획의 14 구성 요소 중 첫 번째 '의도', 두 번째 '개요', 세 번째 '목표', 네 번째 '내용', 다섯 번째 '시장', 여섯 번째 '환경', 일곱 번째 '모델', 여덟 번째 '비용', 아홉 번째 '수익', 열 번째 '홍보', 열한 번째 '전략'이 잘 정리되었다면 다음은 '과제'를 고민하는 단계다.

자, 이 정도 되면 이제 다음 순서는 무엇인지 여러분이 더 잘 알 것으로 믿는다. 그렇다. '과제'의 사전적 의미부터 찾아보는 것이다.

'과제'란 '처리하거나 해결해야 할 문제'를 말한다. 이 정의를 잘 기억해 놓고 기획하는 데 필요한 과제를 떠올려보자.

창업 기획안 작성을 그 예로 들어보자.

창업 기획안을 제목과 목차에 따라 본문과 별첨을 만들어나가다 보면 '추진 과제' 또는 '당면 과제'를 꼭 만나게 된다. 참고로 기획자가 전지전

능한 하나님이 아닌 이상 과제가 없는 기획안([POINT28]도 참고)은 있을 수가 없다.

창업 기획안에 들어갈 목차들과 주요 내용을 [POINT22]에서 나열한 순서대로 '전략' 단계까지 작성해 보자.

목차	주요 내용
1. 의도	창업을 하려는 기획자(또는 창업주)의 의도(왜 창업하려는 것인지)
2. 개요	창업 형태, 자본금, 규모, 회사명, 주소, 설립 예정일, 사업 분야, 조직 구성, 주요 제품 및 인프라 등
3. 목표	매출 규모, 사회 기여 등 정량적 또는 정성적 목표
4. 내용	사업 분야 및 제품별 내용, 특징, 사양, 개발 기간, 단계별 실행 계획 등
5. 시장	관련 시장 규모, 시장 상황, 선호도 조사, 타깃 분석 등
6. 환경	대내외 환경, 역량, 마케팅 분석 등
7. 모델	가맹 사업, 외주 공급, 위탁 경영, 자체 브랜드 등 사업 모델
8. 비용	창업 준비 비용, 창업 비용, 유지 비용, 개발 비용 등
9. 수익	매출, 수익 시뮬레이션 등
10. 홍보	홍보 방법, 기간, 비용 등
11. 전략	뉴미디어 전략, SNS 소통 전략, 오프라인 런칭 쇼 등

〈표 06〉 창업 기획안 목차 및 주요 내용(예시)

참고로 위 표에서 각 목차별 주요 내용은 사실 정답이 아니다. 어떤 창업이냐에 따라 각각의 내용은 얼마든지 달라질 수 있고, 당연히 달라져야 하기 때문이다.

그렇다면 위 표에 정리된 키워드만으로 열두 번째 목차인 과제를 선정하는 것이 가능할까?

위 '과제'의 사전적 의미로 다시 돌아가 보면 과제는 '처리하거나 해결해야 할 문제'라고 했다. 그러면 각각의 목차에서 제시된 주요 내용의 키워드 속에서 처리하거나 해결해야 할 문제들을 찾을 수 있는가? 그것을 찾아내는 능력이 바로 [POINT02]에서 설명한 '기획력'과 연결된다.

창업주가 기획력이 뛰어나다면 창업 기획안을 성실하게 작성하는 과정(또는 검토하는 과정)에서 끊임없이 과제를 찾아내거나 만들 수 있어야 한다. 왜냐하면 기획안에 제시된 실행 계획에 따라 처리하거나 해결해야 할 문제들은 지속적으로 나타나기 때문이다. 미리 그 문제들을 찾아내고 기획안 작성 단계에서 동시에 고민한다면 창업 개시 후 발생할 문제들을 사전에 해결하는 효과를 볼 수 있고 결국 그것은 예산의 규모와 사용처를 명확히 할 수 있는 근거가 되기도 한다.

그럼 위 표에서 처리하거나 해결해야 할 문제들을 찾아보자.

'회사명'을 정하기 위해 처리하거나 해결해야 할 문제는 무엇인가? 우선 동일한 회사명이 있는지, 상표 출원은 필요한지, 출원이 필요하다면 절차와 비용 및 처리 기간은 어떻게 되는지 등 관련 과제들을 해결해야 할 것이다.

다음은 '모델'에서 과제를 찾아보자. 커피 전문점 창업의 경우 자기브랜드로 할 것인지, 기존 가맹 사업에 참여할 것인지가 늘 고민이다. 어떻게 보면 가장 큰 과제라고도 할 수 있다. 그런데 그런 큰 과제를 보통 커피 전문점 창업 예정자들은 어떻게 접근하고 어떻게 해결할까?

가맹점의 사업 설명회에 참여하거나 기존 커피 전문점 창업주를 만나 조언을 얻는 것으로 출발한다. 이것이 바로 기획자가 아닌 사람들의 대표적인 과제 선정 접근 방식이다.

'KASH의 법칙'을 기억하고 있는가? 그렇다면 첫 번째는 무엇인가? 바로 [POINT18]에 명시된 'Knowledge(지식과 정보)'다.

국내에서 가장 쉽게 접할 수 있는 지식과 정보는 인터넷을 통한 접근이다. 1차적으로는 검색 사이트에서 '커피 전문점 창업', '커피 전문점 시장', '커피 전문점 경쟁력'과 같은 키워드 접근 방식을 들 수 있다. 그러나 '네이버(NAVER)'나 '다음(DAUM)', '네이트(NATE)'와 같은 국내 포털 사이트에 접근하는 것만으로는 양질의 지식과 정보를 만날 수 없다. 자칫 잘못하면 잘못된 정보를 채택하는 경우도 발생한다. 여기서 검색 범위를 좀 더 확장해 보면 해외 포털 사이트인 '구글(Google)'에서 'coffee market', 'start up process', 'best coffee franchise'와 같은 영어 검색을 시도해 보는 것이다.

이에 머물지 않고 보다 전문적인 지식과 정보를 확보하는 방법도 다양하다. [POINT18]에서 이미 소개한 학술연구정보 서비스 'RISS(www.riss.kr)'에 접속해 '커피 전문점 창업', '커피 시장', '커피 가맹 사업' 등을 검색하면 국내외 학위 논문과 학술지, 단행본 등을 살펴볼 수 있다. 커피 전문점 창업을 기획한다면 최소한 용어, 이론, 원칙, 과정 등과 관련한 기초적인 지식과 정보를 공부하는 것이 과제의 출발점이 되어야 한다는 점을 강조하고 싶다.

'홍보'와 관련한 과제를 도출하는 것도 마찬가지다. 위 사례로 접근한 커피 전문점 창업의 경우 어떤 홍보가 적합하며, 비용은 얼마나 투입해야 하고, 얼마의 기간 동안 누구를 상대로 어떻게 홍보해야 하는지 스스로 공부하고, 조사하고, 분석해야 한다.

만약 스스로 확보한 지식과 정보를 가지고도 과제 제시가 어렵거나 과제 해결이 쉽지 않은 경우, 그 과제를 외부에 맡길 수도 있다. 그러나 여기서 또 중요한 것은 외부 컨설팅 회사에 전적으로 그 과제 해결을 맡기는 것이 아니라 어떤 과제를 수행해야 할지 스스로 고민해서 컨설팅 회사에 우선순위에 따라 제시할 수 있어야 한다.

만약 그렇지 않다면, 이는 연주자의 독주회를 기획하며 공연 기획사에 공연 개요와 연주자 소개, 연주 프로그램만 제공하고 기획사가 알아서 보도자료를 작성하고 알아서 언론사에 배포하도록 하는 것과 마찬가지다. 기획사는 매뉴얼대로 작성한 보도자료를 연결된 언론사에 배포할 것이고, 그것이 성과의 전부가 될 것이다.

기획자 역시 다른 사람에게 일을 맡길 수는 있다.[13] 그러나 그 일에 대한 가치를 설정하는 것, 그리고 그 일에 대한 해결 과제를 제시하는 것을 게을리한다면 그것은 결코 진정한 문제 해결 방법이 될 수 없다.

여기서 빠진 부분이 또 있다. 다시 '과제'의 사전적 의미를 살펴보면 '학습 능력을 높이기 위해 내어주는 연구 문제'를 말한다. 잘 선정되어 창업 조직에 적기 부여된 과제는 향후 창업 후 조직 구성원들의 학습 능력뿐만 아니라 문제 접근 방식 역량을 확장시키는 효과가 있다는 것이다.

따라서 창업주가 창업을 준비하는 과정에서 문제를 해결하고 향후 조직 구성원들의 업무 능력을 향상시키기 위해서는 과제를 잘 찾아내고 잘 관리해야 하며, 결국 이것이 목표 달성과 위험 요소 제거에 직접적인 영향을 미친다는 것을 꼭 기억해야 한다.

---

13) 제6장(기획자의 자질)에서 언급한 '지휘자'의 모습을 떠올려보자.

열세 번째, '일정'

기획의 14 구성 요소 중 첫 번째 '의도', 두 번째 '개요', 세 번째 '목표', 네 번째 '내용', 다섯 번째 '시장', 여섯 번째 '환경', 일곱 번째 '모델', 여덟 번째 '비용', 아홉 번째 '수익', 열 번째 '홍보', 열한 번째 '전략', 열두 번째 '과제'가 잘 정리되었다면 다음은 '일정'을 고민하는 단계다.

기획안에서 일정을 수립한다는 것은 우리가 흔히 계획을 세운다고 할 때 일정에 따라 할 일을 정리하는 것과 같은 맥락을 가진다. 더 쉽게 이야기하면 해야 할 일을 순서에 따라 A부터 Z까지 잘 정리하는 것을 의미한다.

그런데 여기서 일정에 반영할 각각의 항목 앞에 번호를 붙이는 것 (numbering)이 매우 중요하며 그 일정을 얼마나 세분화해서 정리할 것인가와 그 행위의 주체, 즉 책임자('정' 또는 '부')를 누구로 할 것인가를 구분해서 명시하는 것이 매우 중요하다. 아울러 전체 일정 중에는 중간 보고 내지는 중간 검토를 위한 일정을 어떤 전환점이 될 수 있는 기한 사이에 두는 것도 일정을 잘 작성하는 노하우가 된다.

한편, 일정을 정리하는 순서는 날짜순으로 정리하는 경우도 있을 수 있고, 항목별로 정리하는 경우도 있을 수 있다. 그것은 기획자의 핵심 가치와 의도 및 기획이 목표하는 바에 따라 얼마든지 달라질 수 있으며, 일정을 조직의 구성원과 공유하는 차원에서는 구성원들이 쉽게 이해 및 파악할 수 있도록 정리하는 것이 중요하다.

기한을 명시하는 경우에도 D-1일, D-2주 등으로 나타낼 수 있고 '~5월 15일'처럼 분명한 날짜를 명시하는 경우도 있다. 이 것 역시 일의 성격에 따라 기획자가 잘 판단해서 명시해야 한다.

완료 여부는 '완료', '미완료' 및 '진행 중' 등으로 표시할 수 있으며 진행 상황에 따라 수시로 반영해서 누구나 쉽게 볼 수 있도록 하는 것이 좋다. 비고란에는 해당 항목에 대한 특이 사항이나 반드시 고려해야 할 사항들을 명시하는 것이 필요하다. 가능하면 가격, 수량 등도 기입하면 더욱 유용하다.

그러면 기획안의 일정에 들어갈 일반적인 형태의 표를 살펴보자. 이해를 돕기 위해 '독주회 기획안'을 예로 들었으며 독주회를 대행하는 공연기획사 입장에서 우선순위 또는 실제 독주회 진행 일정과 관계없이 대관이 확정된 후 연주자와의 사전 협의를 첫 일정으로 하여 항목별, 그리고 조직별로 나열하였고 연주 당일 일정은 생략하였다.

No.	구분	항목		주체	기한(주)	내용	완료여부	비고
01	사전협의	연주자 미팅		기획팀	D-18	독주회 콘셉트, 사회자, 인터미션, 티켓 가격, 스태프 운영, 대기실, 리허설, 촬영 등	O	-
02	대관	공연장	대관	재무팀	D-20	대관 계약 체결	O	서울 서초동 예술의 전당 리사이틀홀
			대관료 납부		D-14	납부 고지서 확인 및 KB국민은행으로 송금	O	-
03		연습실		기획팀	D-6	연주자 연습실 대여 (그랜드피아노 필수)	×	총7일 (1일 3시간)
04		스태프 회의			D-2	공연 계약서 및 프로그램, 큐시트 초안 지참	×	기획팀장 외 팀원 2명 참석
05	디자인	자료 접수		디자인팀	D-14	사진, 프로그램, 인사말, 약력 등	×	해상도 확인
06		포스터	디자인		D-12	A2 컬러단면	×	연주자 요청 사항 확인
07			인쇄		D-8	300장	×	
08		팸플릿	디자인		D-4	B5 컬러양면, 16p	×	
09			인쇄		D-2	200부	×	현장 5,000원 판매
10		현수막	디자인		D-4	8m X 3m (2종)	×	2종(실내/외)
11			인쇄		D-2	2장	×	4방 고리마감
12		티켓	디자인		D-4	인터파크 양식	×	좌석 번호 지정
13			인쇄		D-2	좌석수	×	제외 좌석 확인
14		매표소 스크린	디자인		D-4	리사이트홀 기준	×	-
15			인쇄		D-2	JPG 파일(860 X 460 픽셀)	×	-
16		X베너	디자인		D-2	일반 기준 사이즈 1종	×	-
17			인쇄		D-2	실내용 2개	×	거치대 포함
18	홍보	보도 자료	작성	홍보팀	D-5	포스터, 사진 포함 작성	×	프로필 반영
19			배포		D-4	협력 언론사 6곳 발송	×	-
20		SNS	포스터 업로드		D-4	공연기획사 페이스북 및 인스타그램	×	-
21			초대 이벤트			기대평 작성자 중 30명 선정	×	D-2 발표
22	티켓	좌석별 분류 작업			D-1	초대, 할인 및 일반 구분	×	

〈표 07〉 독주회 준비 일정표(예시)

124

이상과 같이 일정 체크에 필요한 구분과 항목을 정하는 것은 기획자가 기획안을 작성할 때 목차를 작성하는 것만큼이나 중요하다.

아울러, 공연이나 행사, 이벤트 등을 기획할 때 일정과 함께 또한 중요한 것이 당일 시간대별로 준비 작업을 원활하게 하기 위한 '큐시트(CUE[14] Sheet)'[15]를 작성하는 일이다. 기획자가 준비하는 큐시트는 연출가 입장에서의 무대 위 공연 진행 순서를 정하는 것보다 넓은 개념으로 당일 모든 준비에 필요한 체크 리스트를 시간대별로 세분화하고 그 순서와 행동 지침(도착 시간, 리허설 시간, 식사 시간, 기념 촬영 시간 등)을 명확히 하는 것 역시 기획자의 역할이다.

위 독주회 당일 공연 시작 후 연출가, 무대 감독, 조명 감독, 음향 감독이 주로 보게 되는 큐시트에 앞서 준비 단계에서 체크하게 되는 큐시트의 형태를 표로 작성하면 아래와 같다.

---

14) 보통 '큐(CUE)'라 함은 방송에서 프로그램 진행자나 연기자에게 대사, 동작, 음악 따위의 시작을 지시하는 신호를 말한다.

15) '큐시트(CUE Sheet)'는 극이나 라디오·텔레비전 프로그램 따위를 만들 때, 무대 감독이나 기술 담당원을 위해 여러 가지 큐를 상세히 정리한 표를 말하며, 영어로는 A list of theatrical cues with timing and volume/intensity information으로 설명된다.

No.	구분		시간	내용	비고
01	무대	피아노 조율	08:00~10:00	-	-
02		조명 세팅		-	-
03		대기실	10:00~12:00	대기실 표지 부착, 음료 및 간식 준비	바이올리니스트, 피아니스트, 스태프 대기실
04		점심시간	12:00~13:00	도시락 20개	공연장 스태프 포함
05	무대	음향 세팅	13:00~15:00	-	-
06	대기실	피아니스트 도착	15:00	대기실 안내	501호
07		바이올리니스트 도착	15:30	대기실 안내	503호(피아노실)
08	리허설	연주 드레스 리허설	16:00~17:00	동선 및 무대 전환 체크	-
09		무대 사진 촬영	17:00~17:30	-	사진작가 사전 객석 위치
10	공연	객석	18:00	하우스 (공연장) 오픈	-
11		공연	19:00	공연개시	-

〈표 08〉 독주회 당일 공연 시작 전 큐시트(예시)

위에서 살펴본 바와 같이 기획안에 포함되는 일정 또는 큐시트는 어떤 순서로, 어떻게, 어떤 범위와 내용으로 작성하느냐에 따라 그 준비 과정이나 결과에서 엄청난 차이가 나타난다. 여기에서 기획자의 기획력뿐만 아니라, 정성과 노력이 얼마만큼 투입되었느냐에 따라서도 당연히 달라진다.

혹시 여러분이 공연기획사에서 일정과 큐시트를 담당하는 자라면 위 표의 작성 내용을 볼 때 부족한 것이 느껴지지 않는가? 기획자는 그것을 빠른 시간 내에 찾아내서 적기([POINT23] 'Time to submit')에 빠짐없이 기입해야 한다. 그래야 그 일정표와 큐시트를 믿고 움직이는 스태프들이 어렵지 않게 자신에게 주어진 임무를 완수할 수 있기 때문이다.

기획의 정의([POINT02])를 다시 한번 떠올려 보자. 앞서 표에서 살펴본 기획자나 연출가가 스태프들이 빈틈없이 잘 움직여주길 바란다면 어떻게 해야 할까? 방법은 하나다. 바로 스태프들이 잘 움직여줄 것을 바라는 것만큼이나 자세하고 친절하게 표로 정리해 주는 것이다.

열네 번째, '효과'

기획의 14 구성 요소 중 첫 번째 '의도', 두 번째 '개요', 세 번째 '목표', 네 번째 '내용', 다섯 번째 '시장', 여섯 번째 '환경', 일곱 번째 '모델', 여덟 번째 '비용', 아홉 번째 '수익', 열 번째 '홍보', 열한 번째 '전략', 열두 번째 '과제', 열세 번째 '일정'이 잘 정리되었다면 다음은 마지막으로 '효과'를 잘 정리하는 단계다.

여기서 '효과'는 '기대 효과를' 말한다. '효과(效果)'의 사전적 의미는 '어떤 목적을 지닌 행위에 의하여 드러나는 보람이나 좋은 결과'를 말한다. '효과'는 기획의 14 구성 요소 중 첫 번째인 '의도'에 대한 결과이자, '의도'를 설명하는 [POINT08]의 '핵심 가치'를 포함하는 것으로서 구체적인 목표 달성의 결과물을 의미한다.

그런데 여기에서 중요한 것은 그 효과가 목적 대비 결과물, 목표 대비 결과물에 국한된 가시적 결과물에 한정된 것이 아니라 그러한 결과물의 발생으로 인한 사회적 인식, 영향 등을 모두 포함한다는 것이다. 따라서 '사회적으로 비난을 받더라도 무조건 목표를 달성한다'는 것은 기획자의 양심에서 벗어나는 결과이므로 결코 채택되어서는 안 되는 효과다.

그래서 한 기업의 기획실장 내지 기획팀장은 대표가 지시한 바에 따라 기획을 수행하면서도 목표한 결과물이 사회적으로 어떻게 평가될지를 늘 고민하고 연구해서 대표의 핵심 가치를 올바로 세우고 관리하는 진심어린 조언자 역할도 동시에 수행해야만 한다. 그것이 진정한 기획자의 자세이자 태도라고 할 수 있다.

기획의 14 구성 요소에 대한 재인식

지금까지 필자가 제시한 기획의 14 구성 요소에 관해 살펴보았다. 어느 것 하나 소홀할 수 있는 요소가 있었는가? 그렇다면 위 14개 구성 요소 중 중요도에 따라 순위를 매길 수 있겠는가?

당연히 소홀할 수 있는 요소도 없고, 순위를 매길 수도 없다. 기획자는 요소 하나하나에 대한 기획력을 발휘해야 하고 주제 또는 목적에 따라 14 구성 요소가 가지는 각각의 핵심 가치를 찾아서 필요한 내용을 기획안에 정성스럽게 정리해야 한다.

만약 이러한 절차를 '기획의 정의'나 '기획의 본질' 그리고 'KASH의 법칙'을 적용하지 않은 상태로 기존의 템플릿이나 표준 문서 또는 기 결재를 득한 문서에 의존해서 내용만 바꾸는 작업을 한다면 어떻게 될까?

정해진 시간 내에 제출하거나 보고할 수 있다는 것([POINT23]) 외에는 사실상 그 결과는 역시나 '우물 안 개구리', '그 밥에 그 나물'과 다를 바가 없다. 혁신도 없고 변화도 없다.

지난 2021년 1월 초, 강원도 화천군은 국내 대표 축제 중 하나인 '산천어 축제'가 코로나19의 계속되는 위협으로 정상적인 개최가 무리라고 판단해 축제를 열지 않는 대신 산천어를 주재료로 하는 다양한 레시피(recipe)와 가공식품을 개발해 통조림과 진공 포장 제품 등 여러 형태의 특산물로 판매하면서 산천어를 더 쉽게 만나고 홍보할 수 있는 획기적이고 혁신적인 아이디어를 구체화하는 데 성공했다. 만약 기획자가 작년 그대로의 기획안을 가지고 코로나19 위기 상황에 맞춰서 인원수를 제한하는 정도로 축제 규모를 최소화해서 축제를 강행하면서 명분만을 살리는 기획안을 군수에게 보고했다면 어떻게 되었을까?

여기서 잠시 'KASH의 법칙'([POINT17])으로 돌아가 보자. 기획자가 확보한 [POINT18]의 'K'는 무엇이었을까? 분명 코로나19 위기 상황에 따른 정부 및 강원도의 방역 지침에 대한 확인이 우선이었으며, 축제를 준비하는 준비 위원회 위원들과 지역 주민들의 반응, 그리고 작년 또는 재작년 축제에 참가했던 관광객들의 축제 참여 의사 등을 파악하는 한편, 강행 대비 효과 등에 대한 조사를 활발히 진행했을 것이다.

그 결과 [POINT19]의 'A'가 대안을 찾는 것으로 방향을 틀었을 것이며, 실현 가능하고 분명한 효과를 가져다주는 여러 아이템(item)을 찾는 데 노력했을 것이다.

그 결과 축제를 소규모로 강행하는 대신 산천어의 가공식품인 [POINT20]의 'S'를 탄생시켰고, 그 식품은 지속적으로 판매가 가능해져서 화천군의 지역 경제 발전에 [POINT21]의 'H'로 큰 도움이 되는 결과를 낳았다.

또한 위의 기획자는 '기획의 본질' 차원에서 '산천어 축제'의 '핵심 가치'를 소홀히 하지 않았고, [POINT09]의 '백지' 상태에서 코로나19와 산천어 축제를 다시 그렸을 것이며, 이를 위해 가공식품에 대한 다양한 [POINT10]의 연구 활동을 충분한 시간을 두고 준비했을 것이다.

이렇듯 앞서 살펴본 기획의 14 구성 요소는 KASH의 법칙과 기획의 3가지 본질을 기초로 하면서 14 구성 요소에 머물지 않고 주제에 맞는 기획의 요소들을 백지 상태에서 찾는 것부터 시작해야 한다는 것을 명심해야 한다.

PLANNING

제8장
기획의 완성도

앞서 살펴본 기획의 14 구성 요소를 잘 정리하는 것만으로 기획을 완성했다고 할 수 있을까? 물론 기획안을 잘 작성하는 것이 기획을 완성시키는 것과 가장 가까운 관계에 있는 것은 사실이다. 그러나 기획안을 잘 작성했다는 것만으로 기획을 완성시켰다고 하기에는 부족한 부분이 있다.

다음에 소개하는 4가지 요소와 완성도와의 관계를 살펴보자.

1. 시간과 완성도

Time

[POINT24] 'Time'

시간의 제약 없이, 즉 기한 없이 기획안을 작성할 수는 없다. 그 이유는 무엇일까? 대내외 환경과 여건, 상황의 변화를 신속히 읽고 최대한 빨리 반영해야 소위 '살아있는 기획안'을 작성할 수 있기 때문이다.

시장 상황은 하루가 다르게 급변하고 있는데 1년 후를 보고 차기 버전의 상품을 기획한다든가, 현재 진행 중인 사업을 확장시키는 데 필요한 기획을 3년 동안 잡고 있다면 이미 변했거나 변하고 있는 상황을 적기에 파악하지 못하게 되고, 그렇게 밀접한 상황을 반영하지 못한 기획안은 그 자체로 쓸모가 없기 때문이다.

논문을 쓰는 것도 마찬가지다. 어떤 주제에 따라 학위 논문을 작성할 때 보통 한 학기 정도의 시간이 주어지는 것은 최근의 사실 관계와 문제점들을 가장 현실적으로 논할 수 있는 기간이기 때문이다. 만약 학위 논문을 같은 주제로 3년 내내 쓴다고 가정해 보자. 3년 동안 해당 주제에 대한 다양한 주장과 반론이 다양한 전공 분야에서 논문으로 쏟아져 나오는데, 3년 전에 취합한 선행 연구 자료들만 가지고 논문을 쓰는 것은 한정된 사고와 그 범위 내에서만 연구하고 주장하겠다는 것으로 해석될 수 있다.

물론, 위에서 설명한 상품 기획이나 사업 확장 기획 또는 논문 작성에서 그 준비 및 작성 기간을 아주 오래 잡는 경우도 있을 수 있다. 선행 이론이 존재하지 않거나 당연히 그럴 만한 주제인 경우는 그래야 한다. 그러나 문제는 제품의 시장 진출과 관련한 'Time to market'이 있듯이, 기획안 역시 제출해야 할 적기([POINT23])가 반드시 존재한다는 것이다.

2. 지식의 질과 완성도

Quality of Knowledge

[POINT25] 'Quality of Knowledge'

이제 여러분도 잘 아는 것처럼, 'K'([POINT18])는 '지식과 정보'다. 기획안의 완성도를 높이는 출발점은 수많은 지식과 정보들 가운데 정말로 기획에 필요한 양질의 지식과 정보를 잘 선별해서 기획안에 올바로 담을 수 있느냐다. 즉, '지식의 질(Quality of Knowledge)'에 달려있다.

그런데 이러한 지식의 질은 사실 기획안을 받아보는 사람(reader) 입장에서는 지식과 정보의 진위 여부와 더불어 그 수준을 제대로 파악하기 어렵다. 그래서 기획안을 보고받는 입장에서 할 수 있는 일은 기획안을 작성한 책임자에게 '근거'를 묻는 일을 반복하는 것과 추가 검증을 위한 데이터를 확보해서 다시 보고하도록 지시하는 것 정도다.

그렇다면 이와 같은 지식과 정보의 수준을 검증하는 것은 누구의 책임일까? 조직도상의 상관에 의한 추가 검증은 사실상 큰 의미는 없다(물론, 상관이 기획전문가라면 많은 질문이 쏟아질 것이다). 이것은 전적으로 작성한 자의 '양심'에 달렸다. 단순한 기사나 논문, 단행본 등에 제시된 그림이나 숫자를 특별한 여과 장치 없이 그대로 인용하거나 출처를 밝히지 못하는 자료를 인용하는 경우는 그 양심에 문제가 있는 경우다.

대기업의 기획 조직을 들여다보자. 기획부서에서 가장 무게중심을 두는 파트가 바로 '조사'다. 사업 기획을 하기 위해 넘어야 할 첫 번째 산이기 때문이다. 여기에서 조사는 대단히 광범위하다. 기업 밖의 상황과 환경 조사에 머물지 않고 기업 내부의 관련 자료나 부서별 관계성이 포함되는 조사도 포함한다. 그래서 기획부서의 조사 파트는 경영 부서에 예산과 관련된 다양한 자료들을 요청하게 되고, 마케팅과 영업부서에는 실적과 관련된 자료들을 요청하게 된다. 여기서 더 확장하게 되면 기업 부설 경제연구소에 시장과 관련된 여러 자료들을 또한 요청하게 된다. 그 외에도 교차 검토인 '크로스 체크(cross check)'를 통해 지식과 정보에 대한 검증 작업을 반복하게 된다. 조사 파트가 야근이 잦은 이유다.

앞의 '기획의 14 구성 요소에 대한 재인식'에서 살펴보았던 '산천어 축제 기획'을 그 예로 들어보자. 기획자는 코로나19 위기 상황에서 축제를 개최하는 것이 가능한가에 대한 지식과 정보를 확보하기 위해 정부 지침 및 지방자치조례를 면밀하게 검토했을 것이다. 또한 코로나 위기 상황과 관련해 준비위원회를 포함한 지역 주민들의 의견을 취합했을 것이다. 그와 동시에 산천어에 대한 기존의 자료는 물론 새로운 정보들을 확보하는 것에도 노력을 기울였을 것이다. 더 나아가 그러면 만약에 산천어 축제를 열지 않는 대신에 무엇을 할 수 있을까에 대한 고민도 조사 항목에 포함시켰을 것이다.

이렇듯 지식과 정보의 질을 높여서 기획안의 신뢰성을 높이기 위한 기획자의 노력은 그 무엇보다 중요하며 이는 기획의 완성과 대단히 밀접한 관계에 있다는 것을 꼭 기억해야 한다.

3. 실현 가능성과 완성도

Feasibility

[POINT26] 'Feasibility'

다시 한번 물어보자. 기획안은 왜 작성하는가? 조직적으로 무엇인가를 하려면 그래도 문서로 이야기해야 하니까? 일단 만들어 놓고 보자? 그런 생각과 정신들이 '기획안을 아무리 잘 만들어도[16]'라는 핑계를 만들어냈다는 것을 다시 한번 더 상기시켜주고 싶다.

물론 기획안은 방향도 제시하지만 동시에 문제도 제시한다. 그런 차원에서 '우선 문서로 이야기하자'나 '일단 문서로 만들어보자'로 탄생한 기획안에도 건질 만한 키워드가 아주 없는 것은 아닐 테니 꼭 틀린 이야기만은 아니다. 왜 이랬다 저랬다 하냐고?

그것이 기획이다. 기획이란 처음부터 있지도 않은 일을 미리 생각해내는 것([POINT05])이기 때문에 이미 수차례 언급했지만 정답이 없다. 여기서 핵심은 작성된 내용이 얼마나 '실현 가능한가'에 달려있다.

---

16) 이 책 '기획 의도'의 3번 내용을 다시 읽어보자.

기획의 열네 번째 요소 중 '일정'에서 언급했던 '바이올린 독주회'를 다시 떠올려보자.

'실현 가능성'에 해당하는 항목들을 '서클의 확장' 이론에 따라 정리해 보았다면, 아마도 '예매율', '예매 시기', '수익금', '객석 점유율', '유료 관객 수', '초대 관객 수', '보도 건수', 'SNS 좋아요 수', '예산', '후원금' 같은 것들을 찾아낼 수 있었을 것이다.

그 항목들에 대한 '실현 가능성'의 구체적 내용을 표로 정리하면 아래와 같다.

항목	'실현 가능성'
예매율	'0000년 00월 00일까지 예매율이 전체 좌석의 40%를 넘을 것이다'
예매처 오픈	'공연 3개월 전부터 예매처를 오픈하면 된다'
수익금	'수익금은 최소 5백만 원은 넘을 것이다'
객석 점유율	'객석 점유율은 적어도 매회 평균 90%를 달성할 것이다'
유료 관객수	'총 좌석 중 최소 45% 이상은 유료 관객이 차지할 것이다'
초대 관객수	'총 좌석 중 초대는 최대 10%까지만 한다'
보도건수	'전후 보도를 모두 포함해서 오프라인 신문 5건, 온라인 신문 5~10건을 달성한다'
SNS 좋아요 수	'공연 전 30일부터 공연 후 30일까지 60일간 페이스북과 인스타그램을 합쳐 3,000~5,000개를 달성한다'
예산	'뒤풀이 비용까지 포함해 총 예산은 1,200만 원을 초과하지 않는다'
후원금	'최소 400만 원을 달성한다'

〈표 09〉 독주회 실현 가능성 항목들(예시)

위 표에 작성된 '실현 가능성'을 함께 검토해 보자.

위 항목 중 예매율, 수익금, 객석 점유율, 유료 관객수는 사실 '뚜껑'을 열기 전까지 예측하는 것이 쉽지 않기 때문에 보통의 공연 기획자들은 위와 같은 식으로 '목표' 개념의 숫자만 상상력을 발휘해 작성한다. 그러나 올바른 기획자는 재관람, 관람의도, 연주자 네트워크 등 데이터를 면밀히 조사해서 오차 범위 내에서 실현 가능한 숫자를 만들어내는 것이 중요하다.

예매처 오픈의 경우는 예매처의 가이드라인과 규정을 면밀히 검토하고 예매처 오픈을 위해 제출해야 할 공연 관련 정보 및 포스터와 사진 등 자료를 준비하는 시간 등을 고려해 오픈 예정일을 정해야 한다.

보도 건수의 경우는 언론 대행사와의 패키지 계약을 체결한 경우가 아니라면 사실상 '아는 기자' 외에는 기사화될 가능성은 높지 않다. 물론, 애석하게도 언론사별로 다르게 책정된 기사 송고 비용을 지불하고 기사화시키는 방법도 있긴 하다. 정확히 말하면 돈을 주고 기사를 내는 경우다 (이렇게 하는 것이 과연 필요한가 여부는 여러분 스스로의 판단에 맡기겠다).

결론부터 말하면, 메이저급 언론사에 기사가 났다고 좋아하는 시대는 지났다. 포털 검색 사이트에 노출되는 인터넷 신문사의 기사만으로도 충분하며, 이를 증폭시킬 수 있는 방법은 아주 다양하고 많다. 따라서 보도 건수를 실현화하는 기획을 할 것이 아니라, 신문 보도의 신뢰성을 담보로 수행할 수 있는 다른 것들을 찾아서 기획하는 것이 더 중요하다.

가장 중요한 예산 역시 투입 가능한 자금을 최대로 두고 준비하는 것만으로는 변수에 대비하지 못한다. 고민하고 고민해서 나온 숫자 외에 예비비를 추가로 책정할 수 있어야 한다. 공연의 경우 대관료와 부대시설 사용료, 인건비, 출연료, 대여료 등 기본적인 예산 항목 외에도 식사비^(도시락 수량 등), 주차료, 소모품비^(마이크 건전지 등) 등을 사전에 체크하는 것은 물론이고 녹음이나 녹화 필요 여부, 녹음료나 녹화료 발생 여부도 충분히 고려해야 한다.

또한 예산은 후원이나 협찬에 따라 추가적인 확보가 가능한 경우이므로 공연을 최초 기획하는 시점에서 후원 또는 협찬에 대한 별도의 기획을 하는 것이 중요하며, 이는 예상 수익을 극대화하는 데 큰 도움이 된다.

예를 들어, 300석 공연장의 경우, 예매처 오픈 전 사전 예매로 R석^(4만원) 50장을 할인 없이 판매할 수 있다면 200만 원의 매출을 조기에 달성할 수 있는 경우인데, 매력적인 협찬품을 이벤트로 내걸고 '선착순 사전 예매'를 실시해서 예매 시 7만 원 상당의 협찬품을 100% 선물로 증정하게 되면 '공연 관람'과 '선물 획득'이라는 일석이조의 혜택을 관객들에게 제공하게 되어 빠른 시간 내에 관객과 예산 확보 및 매출 증대에 직접적으로 기여할 수 있게 된다.

실제로 위 이벤트는 필자가 2020년 8월 코로나 위기 상황에 따른 50%

객석 오픈에도 불구하고, 국악 앙상블 콘서트에서 흑자를 기록한 사례다. 해당 공연의 기획안이 완성된 3월 경, 최신 블루투스 이어폰을 개발 후 중국 OEM 생산을 앞두고 있던 국내 기업의 대표 이사와의 자리에서 기기 '연결음'을 국악기의 선율로 만들어보자는 논의가 있었고, 이를 실현시키기 위해 하나의 연결음당 2초 전후의 길이에 이르는 20여 개 곡(실제로 작곡가에게 작곡을 의뢰한 경우이므로 '곡'이라고 해도 무방할 것 같다)을 녹음하고 해당 이어폰에 장착한 것은 물론, 제품의 포장 케이스에 작곡가의 이름과 연결음 연주를 맡은 국악 앙상블의 이름까지 새겨 넣었다. 기획 단계의 아이디어가 새로운 시도와 우수한 제품을 만들어냈고, 작곡가와 앙상블의 명성을 드높였으며, 협찬 및 후원을 성사시킴은 물론, 예산 확보와 매출에 큰 기여가 되었고, 긍정적인 이슈를 만들어내는 결과를 낳았다. 이것은 모두 기획의 힘이며 기획자의 남다른 안목이 가져다준 결실의 좋은 예로 기록되었다.

물론, 위와 같은 논의가 이루어지는 데 바탕이 된 네트워크는 저절로 얻어진 것이 아니다. 기획을 습관으로 삼은 기획자의 지난 10여 년간의 발자취가 있었기 때문에 가능했다. 그러나 이와 같은 성공은 여러분이 알고 있는 인맥이나 누적된 네트워크 역량만으로 만들어지는 것은 아니다.

우리는 [POINT06]에서 '기획과 계획의 차이'에 대해 배웠다. 계획은 사실상 경험이 많은 실무자들이 일정과 순서에 따라 해야 할 일들을 정리하는 것이다. 그런데 단순히 A부터 Z까지 일을 수행하는 과정에서는 위에 제시한 성공 사례와 같은 '뜻밖의' 이슈를 만들어내는 것이 쉽지 않다.

위 공연의 기획자는 해당 공연의 계획을 실행으로 옮기기 10여 년 전부터 앙상블 창단과 창단 목적에 대한 [POINT08]의 핵심 가치를 견고하게 세웠고, 그것에 대한 A부터 Z를 실행하는 과정 중에 위 공연을 기획하게 되었기 때문에 가능한 것이었다.

즉, 실현 가능한 기획을 한다는 것은 기획 그 자체에서 만들어지는 것이 전부가 아닌, 누적되고 총체적인 기획 과정 속에서 완성된다는 것을 거듭 강조하고 싶다.

4. 정직과 완성도

Honesty

[POINT27] 'Honesty'

이 책에서 '정직'은 제1장과 제4장에서 각각 한 번씩 등장했다.[17] '기획의 정의'를 설명하면서 언급했고, 'KASH의 법칙'을 이야기하면서 언급했다. 그만큼 '정직'이 기획을 수행할 때 그 무엇보다 중요하다는 것을 말해준다.

기획의 완성도는 사실상 기획자만 알 수 있다. 그렇기 때문에 기획안

---

17) 제1장에서는 '새기는 작업이 정직하고 올바르고 성실한 과정을 거쳐 완성되었다면 그 사업은 아마도 성공으로 갈 확률이 대단히 높아질 것이다'라고 언급했고, 제4장에서는 '올바른 Knowledge를 확보하고 그에 맞는 정직한 Attitude를 통해 완성된 Skill은 또 다른 Knowledge와 Attitude 및 Skill을 만들어내는 Habit이 된다'고 언급했다.

작성을 위해 확보하게 되는 지식과 정보의 양과 질을 기획자가 어떻게 평가하고 선택하느냐부터 기획의 결과물이 달라진다는 것을 의미한다.

정직하지 못한 가장 대표적인 사례는 이 책에서 이미 제시한 '이전 것을 참조해서 작성하는 경우'다. 기존에 성공적으로 실행을 완료한 기획안 또는 계획서를 참조해서 더 발전된 기획안을 작성하는 것이 왜 정직하지 못하냐고?

그럼 '발전된 기획안'은 무엇이라고 생각하는가? 아마도 이전 기획안에서 미흡했거나 문제가 발생된 부분을 보완해서 개선안을 마련한 기획안을 발전된 기획안이라고 말할 것이다. 그럴듯한 답변이지만 결론은 틀렸다. 발전된 기획안은 기획안이라고 하는 문서의 내용상 발전에만 그쳐서는 안 된다. 해당 건에 대한 기획 전체를 발전시키는 것이 기획안의 발전이어야 한다. 그 과정 중에 기존의 기획안과 같은 내용이 남아있게 되는 경우가 있을 뿐이다.

그럼 여기서 '기획 전체'가 무엇인지 궁금할 수 있다. 자, 여러분이 기획전문가라면 이 질문에 어떻게 접근할 것인가? 기획자의 접근은 '초등학생'이 접근하는 것과 같아야 한다. 물론 요즘은 초등학생들도 지나치게 어른스럽긴 하다. 여기서 초등학생이라고 표현한 것은 '순수함'의 대명사로 지칭했음을 밝힌다.

[POINT02]를 가지고 정의하면 '기획 전체'라고 하는 것은 '바라는 것

을 새기는 전체'여야 한다. 그렇다면 기존 기획안이 바라는 것이 모두 새겨진 경우라면 앞서 주장하는 '일부만 보완하는 정도'로도 가능할 수도 있다.

이 정도 되면 비슷비슷한 기사들이 갑자기 떠오를 것이다. "정부는 해당 사업 건을 백지 상태([POINT09])에서 재검토하겠다고 밝혔다."

이제 좀 감이 잡히는가?

위와 같이 '백지 상태'의 재검토 건이 발생하는 가장 큰 이유 중의 하나는 기획안에 따른 임무 수행 과정에서 발생하는 문제도 물론 있지만, 그에 앞서 기획안을 작성한 책임자 또는 조직이 충분한 지식과 정보([POINT18])를 확보하지 못한 상태에도 불구하고, 정직하지 못한 태도와 자세([POINT19])로 기획안이라는 결과물([POINT20])을 낳았고, 그 결과물을 근거로 사업을 추진했기 때문일 가능성이 대단히 높다.

이와 같은 교훈을 여러분은 여러분의 조직에 어떻게 적용시켜야 하는가?[18]

첫째, 창업 단계라면 창업팀을 구성할 때 기획팀을 이끌게 될 책임자(기획자)를 선정하고, 기획이 무엇이며, 기획팀의 '業(업)'의 정의와 핵심 가

---

18) 실제 필자가 기업 자문을 수행하는 컨설팅 프로세스의 한 부분이다.

치가 무엇인지를 정립하도록 돕는다. 이를 위해서 대표는 기획이 무엇이며, 기획의 본질이 무엇인지 등 기획에 대한 비밀을 당연히 알고 있어야 한다.

둘째, 기획팀 운영에 필요한 분야별 프로세스와 매뉴얼을 만들고 각각의 업무에 대한 완성도의 등급을 나눈다. 이는 [POINT23]에서 다루었던 'Time to submit'에 따라 완성도를 달리할 사안이 분명히 생기기 때문이며, 적절한 시기에 완성도를 높일 수 있는 기회를 분명하게 인식하기 위함이다.

셋째, 기획팀 인력을 선발할 때(다른 조직의 인력을 선발할 때도 당연히 적용된다) 이 책을 수험서와 같이 먼저 필수로 읽게 하고, 그에 대한 시험 내지는 2차 면접(1차는 인성면접인 경우) 때 별도의 적성 면접 차원에서 충분한 시간을 두고 인터뷰(Q&A)를 진행한다.

넷째, 최종 합격한 인력이 사내 OJT(on-the-job training)를 받을 때 오직 일(job)에 기인한 교육이나 훈련에 그치는 것이 아니라 충분히 기획을 이해할 수 있는 기회를 제공해야 한다. 필요하다면 외부 위탁 교육으로 진행할 수도 있다.

다섯째, 조직 내 인센티브 제도를 도입할 때 정기적으로 직원들이 자신의 아이디어나 업무 개선에 대한 기획안을 작성해서 발표할 기회를 제공하고, 실제 채택되는 기획안에 대해서는 보너스를 지급하거나 사업화되었을 경우 수익의 일부를 일정 기간 지급하는 방법도 있겠다.

여기서 중요한 것은 기획안에 대한 결과론이 아니라 기획자가 어떻게 지식과 정보를 확보했고, 어떤 태도와 자세로 기획안 작성에 접근했는지 조직 구성원 모두가 공유해야 한다는 점이다.

PLANNING

제9장
문서의 분석과 해체

1. '문서 분석'의 의미

문서를 분석한다는 것은 어떤 의미일까? 먼저 문서의 사전적 의미를 살펴보면 아래와 같다.

> 잠깐! 용어에 대한 사전적 의미를 찾는 이유에 관해 이 책에서 단계별로 설명한 부분은 어디였나? 바로 [POINT18]의 'K'를 설명하면서였다. 용어의 의미를 찾는 것에 대한 중요성을 거듭 강조한다.

1) 글이나 기호 따위로 일정한 의사나 관념 또는 사상을 나타낸 것
2) 땅이나 집 따위의 소유권이나 그 밖의 권리를 증명하는 문서
3) 나중에 자세하게 참고하거나 검토할 문서와 장부

위에 정리된 문서의 의미를 들여다보면 문서가 무엇이며, 그 기능은 무엇이고, 어떤 특징을 가지고 있는지에 대한 키워드가 보인다. 이를 각각 눈에 띄게 나열하면 다음과 같다.

기획자는 위에 나열된 키워드를 보면서 무엇을 설명할 수 있어야 할까?

첫째, 문서는 글과 기호로 만들어진다.
둘째, 문서는 의사 표시의 수단이 된다.
셋째, 문서에는 관념이나 사상을 담을 수 있다.
넷째, 문서에 권리(및 상대적 의무)관계를 담을 수 있다.
다섯째, 문서는 증명 자료로 활용된다.
여섯째, 문서는 어떤 일을 할 때 가이드(참고)가 된다.
일곱째, 문서는 검토할 내용들을 담을 수 있다.

자, 어떤가? 문서의 사전적 정의를 키워드로 하나씩 보는 것만으로도 문서 분석의 중요성이 느껴지지 않는가? 필자는 위의 일곱 가지 항목을 다시 아래와 같이 예시로 풀어보았다.

첫째, 문서는 글과 기호로 만들어진다. 따라서 설명서, 매뉴얼, 안내장 등은 글과 기호를 적절하게 혼합해서 이해가 쉽고 빠르도록 작성해야 한다.

둘째, 문서는 의사 표시의 수단이 된다. 잘못 작성된 문서는 올바른 의사 표시를 대신할 수 없다. 따라서 표시에 대한 오해가 없도록 문서를 잘 작성해야 분명한 의사가 그대로 전달될 수 있다.

셋째, 문서에는 관념이나 사상을 담을 수 있다. 따라서 일반적인 지시 사항이나 전달 사항을 작성할 때 기획자의 의도 또는 대표자의 경영 철학도 동시에 담겨서 읽는 사람(또는 수명자)이 일반적인 내용 외에 기획자 또는 대표자의 의도나 철학까지도 이해할 수 있도록 성실하게 작성하여야 한다.

넷째, 문서에 권리(및 상대적 의무)관계를 담을 수 있다. 따라서 양해 각서, 계약서, 서약서 또는 약관, 내규 등을 만들 때는 '문서 따로, 이행 따로'가 아닌 문서 자체에 모든 권리와 의무관계를 빠짐없이, 그것도 가능성이 거의 없는 경우(worst case) 까지도 대비해서 빈틈없이 작성해야 한다.

다섯째, 문서는 증명 자료로 활용된다. 계약서나 합의서 같은 것들이 법원에서 가장 분명한 증거자료로 채택된다는 사실은 누구나 알고 있을 것이다. 그래서 문서의 '공증'이 이루어진다. 증명을 표시한다는 것은 '책임을 진다는 것'과 같은 의미다. 어떤 제품을 판매하기 위해 제품에 대한 소개 자료에서 그 제품의 스펙(사양)을 첨부로 제시하는 경우, 그 일부가 과장되었거나, 실제로는 없는 내용인 경우, 당장은 제품이 판매될 수는 있으나, 미래에 문제가 발생되었을 때 스펙의 일부 허위 사실로 인해 모든 손해를 떠안고 회사가 문을 닫는 경우는 흔한 일이다. 문서는 곧 '증명'이다.

여섯째, 문서는 어떤 일을 할 때 가이드(참고)가 된다. 보고서, 지시서, 기안문, 시행문, 협조문 등의 문서가 명확한 내용을 담지 못하거나 부족한 채로 작성되는 경우에 분명한 가이드를 제시해주지 못하게 되고, 결국 문서를 받는 상대방으로 하여금 분명한 행위나 조치를 하지 못하게 되는 원인이 된다. 따라서 기존의 양식이나 스탠더드 계약서, 내규, 약관 등에 불명확한 가이드가 들어있지는 않은지 지속적인 관찰과 검토가 필요하다.

일곱째, 문서는 검토할 내용들을 담을 수 있다. 공문서 또는 대외 문서의 경우 보통은 수신, 참조, 발신을 포함하는 커버 페이지, 내용을 담은 본문, 그리고 검토나 확인에 필요한 첨부 등 형태로 나누어져서 작성된다. 내용들을 잘 구분해서 분명한 조치를 해달라는 의미다. 글씨를 굵게 표시하거나, 글씨에 밑줄이나 색을 포함시키는 경우, 또는 표나 도형, 그림 등으로 작성하는 이유는 검토할 내용들을 필요한 곳에 잘 담아서 읽는 상대방에게 잘 전달하기 위함이다.

문서를 분석한다는 것은 결국 문서를 작성하는 자, 문서를 전달하는 자, 문서를 받고 읽는 자 모두에게 필요한, 문서가 주는 고유한 과제라고 할 수 있다.

필자는 이를 '문서의 과제성'이라고 설명한다([POINT28] '문서의 과제성').

2. '문서 분석'의 필요성

앞에서 '문서의 과제성'에 관해 살펴보았다. 그럼 문서를 분석하는 것이 왜 필요할까? 기획자 입장에서 문서 분석 항목과 분석이 필요한 이유를 아래 표와 같이 정리하였다.

No.	문서의 항목	분석의 필요성	비고
1	발신	어디서 왜 보냈는지와 담당자 및 연락처 확인	필수
2	수신 및 참고	어떤 부서에서 누가 처리해야 하며 어떤 부서와 관련이 있는지를 확인	필수
3	직인	문서의 신뢰성과 발송자의 권한 여부 검증	필수
4	제목	제목과 본문의 일관성 검증	필수
5	부제	목적의 구체성과 명확성 검증	필수
6	대외비 표시	문서 관리 방법의 판단	필수
7	목차	제목과 부제를 설명하는 모든 요소가 포함되어 있는지 여부 판단	필수
8	참고자료	표시 내용의 신뢰성 판단	필수
9	목차별 내용	작성된 내용이 제목과 부제에 얼마나 부합하는가 여부 판단	필수
10	첨부(별첨)	본문에서 다 제시하지 못한 내용, 또는 수신자 입장에서 궁금한 부분을 해소할 수 있는 자료가 있는지 검증	필수

〈표10〉 문서 분석 항목과 그 필요성

위 표에서 살펴볼 수 있는 바와 같이, 문서의 수신자가 문서를 분석할 때 필수적인 요소는 대략 10개 정도가 된다. 만약 수신자에게 기획자의 마인드가 없거나 문서 분석에 대한 관심 또는 능력이 없다면 어떻게 될까? 그렇게 조직 내 보고된 문서의 위험성을 정리하면 아래와 같다.

첫째, 대표성이 없거나 권한이 없는 문서를 회사 차원에서 검토하게 된다. 이는 스팸 문자를 보면서 스팸인지 모르고 진지하게 살펴보는 경우와 같다.

둘째, 고민 없이 작성된 문서임에도 불구하고 문서의 제목이나 e메일 본문의 듣기 좋은 이야기만으로 조직이 흥분되어 전체가 움직이는 경우를 만든다. 이는 조직 운영의 비효율성을 초래한다.

셋째, 문서에 대한 고민(concern point) 없이 그대로 대표에게 보고된 문서는 고민 없는 계약서 작성으로 이루어질 가능성이 높아진다.

넷째, 문서의 첨부에 대한 의문을 제기하지 않는 경우, 문제가 발생되었을 때 "분명 첨부에 있었는데" 하며 뒤늦은 후회를 하게 된다. 내용의 이해 따로, 검증 따로는 '트로이 목마(트로이아 신화에서 나오는 말 모양의 나무 장치로 병사들이 그 안에 숨을 수 있었다. 오늘날에는 일부 컴퓨터 바이러스 프로그램을 가리키기도 한다)'와 같은 위험을 초래한다. 겉으로만 보고 그 안에 담겨진 위험 요소를 발견하지 못하는 것을 의미한다.

다섯째, 만약 조직 내부의 문서 생성자(작성자)가 위에 열거한 네 개의 위험성을 스스로 초래한 경우라면 그 조직의 위험성은 훨씬 더 확대될 수밖에 없다.

이와 같이 문서의 수신자나 문서의 작성자 모두가 문서 분석의 필요성을 제대로 알지 못한다면 결국 문서를 통해 '바라는 것'이 무엇인지도 모르게 되고, 올바로 '새기는 것'이 무엇인지도 모르게 되어 '문서 따로 행위 따로'가 계속해서 발생하게 된다. 이는 기업의 신뢰 문제를 떠나 존폐 위기와도 연결되는 아주 심각한 사안이라는 점을 잊어서는 안 된다.

3. '문서 분석'의 대상

그럼 문서 분석의 대상이 되는 문서는 어떤 것들이 있는가? 당연히 정답은 '모든 문서'다. 그러나 이를 좀 더 전문적으로 분류하면 아래 표와 같이 정리할 수 있겠다.

표에 제시된 분류의 형태는 어떤 명확한 기준에 따른 것은 아니며, 이해를 돕기 위해 일반 기업을 주체로 외부에 문서를 보내는 입장과 외부에서 문서를 받는 입장, 그리고 내부에서 생성된 문서, 이렇게 크게 3가지 형태로 나눈 것에 불과하며, 제시된 문서의 종류는 그 예가 되는 문서를 표시한 것이다.

문서의 분류	문서 예시	
	공통	구분
보내는 문서	각종 공문, 제안서, 협조문, 계약서, 설명서,	보도자료 등
받는 문서	확인서, 내용 증명서, e메일 및 그 첨부 문서 등	(등록, 출원 등)확인서, 통보서 등 정부 기관 문서
내부 생성 문서	보고서, 기획안, 기안문, 시행문, 회의록, (부서 간)협조문 등	

〈표 11〉 분석 대상 문서 분류표

위 표에 제시된 예시 문서들은 얼핏 보면 보내는 문서나 받는 문서나 같은 것으로 취급될 수도 있지만, 실제 실무자 입장에서 보면 엄청난 차이가 발생한다는 것을 잘 알 수 있다.

그럼 위 '제안서' 중에서 구체적으로 비영리 단체가 공익사업을 위해 기업에 발송하는 '후원 제안서'를 그 예로 살펴보자. 보내는 입장과 받는 입장 간에 어떤 차이가 있을까? 이를 표로 구분해 보면 아래와 같다.

구분	보내는 (후원)제안서	받는 (후원)제안서
목적	제안의 목적 달성	제안의 목적 파악
가치	첫째, 원하는 후원 달성 둘째, 후원사 네트워크 확장	첫째, 제안 수락의 구체적 효과 둘째, 기업의 이미지 제고
주요 검토내용	첫째, 후원의 필요성 (비교적 주관적) 둘째, 후원의 효과 (비교적 주관적)	첫째, 후원의 필요성 (비교적 객관적) 둘째, 후원의 효과 (비교적 객관적)
효과의 구체성	정성적 효과	정량적 효과
검토 중점	후원의 의의	후원의 효과
협상 가능 정도	높음	낮음

〈표 12〉 보내는 제안서와 받는 제안서의 문서 분석표

위에서 살펴본 바와 같이, 작성된 하나의 문서는 작성자(writer)와 읽는 자(reader) 입장에서 각각 다른 시각으로 해석이 가능할 뿐만 아니라, 각각의 결재자(대표 등) 역시 작성자나 읽는 자 입장에서 또 다른 해석이 가능하다.

결국 문서 분석에 있어서 대상이 되는 문서는 사실상 '모든 문서'지만, 문서를 작성하거나 읽는 사람이 어떤 의도와 목적을 가지고 분석하느냐가 중요하다. 그 분석에 따라, 보고의 대상이 되는 대표나 문서를 받게되는 상대방이 갖게 될 다양한 의문을 미리 해소할 수도 있고, 그렇지 못할 수도 있기 때문이다.

결론을 미리 끌어와서 이야기하면 가장 잘 작성된 문서는 그 문서를 읽고 생긴 다양한 의문들이 그 문서 안에서 해결되는 문서다.

만약 여러분이 이 책을 읽고 더 많은 의문들이 생겼다면, 이유는 두 가지일 것이다. 이 책이 소위 여러분이 소화하기에는 어려운 책일 수도 있다. 반대로 주장을 풀어가는 필자의 논리가 부족했거나, 표현이 어려웠거나 하는 기술적 이유가 그 원인일 수도 있다.

이상적인 기획전문가는 결국 완벽한 문서를 만들 수 있는 사람, 즉, 바라는 것을 완벽하게 새길 수 있는 사람일 것이다.

4. '문서'의 해체

앞에서 문서 분석의 의의와 필요성, 그리고 그 대상에 관해 살펴보았다. 자, 그럼 본격적으로 문서를 해체해 보자. 여기서 문서를 해체한다고 하는 것은 문서의 '구조'를 처음의 모습으로 그리는 것과 같다.

'조립식 가구'를 떠올려보자. 인터넷으로 주문한 가구가 집으로 배달되어 왔을 때는 네모박스 안에 합판, 다리, 받침대, 지지대, 볼트, 너트, 장식품, 조립 도구 등 형태별, 내용별로 비닐포장이나 더 작은 박스 등으로 구분되어 들어있는 것을 보게 된다. 그리고 반드시 따라오는 것이 있다. 바로 조립 순서를 그림과 함께 설명한 '조립도'다. 우리는 그것을 보면서 순서대로 조립하고 결국 완성된 가구를 마주하게 된다.

문서를 해체한다고 하는 것은 바로 위와 같이 완성된 가구를 처음 네모박스 상태로 만드는 것을 말한다. 덧붙이면, 문서가 본래 가지고 있던 작성 의도, 목적, 사실 관계, 구성 요소, 철학 등을 찾아내는 것을 의미한다.

보도자료를 그 예로 들어보자. 수없이 다양한 분야의 기사가 셀 수 없을 정도로 흘러나오는 이 때, 기자의 눈^(기획력)으로 외부에서 접수된 보도자료를 들여다보면 어떤 것들을 발견할 수 있을까?

통상 한 페이지 분량의 스트레이트 뉴스 보도자료를 살펴보면, 제목이 있고, 부제가 있고, 육하원칙 또는 일반적인 사실 관계에 따라 흐름이 이어진다. 우선, 제목은 독자의 눈을 사로잡기 위한 아주 강력한 메시지를 담으려 노력하고 있고, 부제는 그것을 풀어서 이해하기 쉬우면서도 간략하게 묘사된다. 이어 본문에서는 신뢰성을 높이기 위해 언제, 어디서, 누가, 무엇을, 어떻게, 왜 했는가를 사실 관계에 따라 전개하는 것이 보통이다.

그러나 완성된 기사를 잘 살펴보면, 그것이 자랑을 위한 것인지, 홍보를 위한 것인지, 사회적 공감대를 얻기 위한 것인지, 대대적인 광고를 하는 것인지가 드러난다. 최초 보도자료를 작성할 때 독자들이 어떻게 반응할 것인지를 미리 예측하고 필요한 키워드를 선별 및 동원해서 최적의 문장을 만들기 위해 노력하는 까닭이다.

보도자료는 단순히 사실 관계만을 담고 있지 않다. 제3자의 인터뷰를 인용해 속마음을 우회적으로 드러낸다거나 기자의 마지막 문장을 통해 희망사항을 밝히기도 한다.

그렇다면, 보도자료를 잘 쓰기 위해서는 무엇을 해야 하나? 당연히 보도자료 기획안을 작성하는 것이다. 핵심 가치([POINT08])는 무엇이며, 보도자료 안에 담을 내용을 목차별로 나누는 작업이 필요하다. 그래야 보도자료에 포함될 내용의 중요도에 따른 우선순위를 정할 수 있고 보도자료가 기사화되었을 때 그 효과를 극대화할 수 있다.

다음으로 계약서를 살펴보자. 영어로는 '계약(contract)'을 이렇게 정의하고 있다. 'A contract is a legally binding document between at least two parties that defines and governs the rights and duties of the parties to an agreement'

이를 해석하면, '계약 당사자의 권리와 의무를 정의하고 관리하는 적어도 두 당사자 간의 법적 구속력이 있는 문서'를 말한다.

계약서 작성 시 직접 초안을 작성하는 경우도 있지만, 상대방이 보내온 계약서 초안을 검토 후 협상을 통한 최종 합의본을 만들어내는 경우도 있다. 그럼 계약서를 해체한다는 것은 무엇을 말하는 것일까?

초안을 작성한 상대방의 의도([POINT08])를 파악하고, 권리와 의무 관계에서 불리하거나 유리한 것은 무엇이며, 스펙(사양)이나 결과물, 일정 등을 잘 지킬 수 있는지 여부 등을 확인하는 것이 바로 그것이다.

필자가 대기업 기획팀에서 국내외 계약 업무를 담당할 때, 상대편 회사에서 계약서 초안이 오면 가장 먼저 하는 일은 계약서의 내용을 구조화 시켜서 항목별로 나누어 정리하고 그에 따른 문제점을 찾아 부장님께 검토 보고서를 제출하는 것이었다. 그것을 검토한 부장님은 필요한 경우 회의 소집을 통해 엔지니어 사이트, 경영지원팀, 변호사 등 관련자들을 불러 어떤 문제점들이 있는지, 어떻게 협상할 것인지, 무엇을 주장하거나 양보할 것인지, 어떤 내용을 계약서에 첨가시킬지 등을 논의하고 그 결과에 따라 상대방의 초안에 대한 수정안(counter proposal)을 보내는 작업을 했었다. 여기서는 계약서를 해체하는 작업도 중요하지만 해체 시간을 최대한 단축시키는 것([POINT24])도 중요한 작업이었다.

이렇듯 문서를 해체한다는 것은 문장 속에 숨어있는 중요한 키워드를 찾아내고 작성된 문서의 약점과 강점을 찾아내는 한편, 문제가 발생할 가능성이 있는지를 미리 검증하고, 위험성을 최소화하거나 제거하는 일련의 작업을 의미한다.

5. 문서 분석 절차

다음은 문서 분석 절차에 관해 살펴보자.

문서 분석 절차는 문서의 형태나 그 목적에 따라 달라질 수 있다. 아래는 보편적인 문서 분석 방법을 위한 기본적인 절차다.

	단계	내용
1	목적 분석	문서의 생성 목적이 무엇인지를 분석하는 단계
2	순위 분석	1단계에서 문서의 목적을 파악한 후 문서에 포함된 내용들을 중요한 정도에 따라 우선순위로 정리하는 단계
3	내용 분석	2단계에서 정한 순위별로 그 세부 내용을 분류해서 정리하는 단계
4	문제 분석	3단계 내용 분석을 통해 문서에 담긴 가시적 문제와 잠재적 문제를 발견해서 이를 분석하는 단계
5	담당 분석	문서 내의 각 키워드가 주는 과제를 담당할 책임자를 찾아서 부여할 과제를 정리하는 단계
6	효과 분석	문서를 통해 발생하게 될 결과물들을 각각 분석하는 단계
7	법적 분석	문서의 효과뿐만 아니라 문서의 법적 지위와 대표성, 또는 내용상 법적으로 검토가 필요한 사항을 찾아 분석하는 단계
8	일정 분석	문서의 목적을 달성하기 위해 필요한 내용별 일정을 분석하는 단계

〈표 13〉 문서 분석 기본절차

위에 제시된 문서 분석 기본 절차를 실제 문서에 적용해 보자.

한 사회적 기업이 발송한 후원 제안서를 접수했다. 주요 내용은 '건강 걷기대회'에 주관 후원사로 참여하여 대회 주최 타이틀을 부여받는 것으로, 5년간 그 지위를 갖는 것이었다. 해당 사회적 기업은 인지도가 높은 편이었으며 평판도 아주 좋았다. 지난 10년 동안 굴지의 대기업 두 곳이 주최·주관 후원사로 참여했고 우리 회사가 세 번째로 그 타이틀과 명분을 이어받을 수 있는 기회였다.

자. 그럼 위 문서 분석 기본 절차에 따라 문서를 검토해 보자.

1단계로 문서가 주는 목적이 무엇인지를 살펴보자. 이를 위해서는 기본적으로 문서에 적힌 제안 의도나 목적을 들여다보는 것이지만, 그에 앞서 찾아야 하는 'K'([POINT18])가 있다. 무엇일까? 바로 지난 10년간 '건강걷기대회'의 이력을 살펴보는 것이다. 이를 위해 관련 기사도 찾아보고, 입수할 수 있는 평가 보고서도 찾아본다. 가능하다면 기 주관 후원사로 참여했던 해당 기업 담당자와의 미팅도 주선한다. 이렇듯 문서를 분석하는 담당자(기획자)는 1단계를 수행하기 위해 다양한 시각에서 다양한 'K'를 확보해야만 한다.

2단계로 순위를 분석해 보자. 해당 대회 후원의 가장 중요한 키워드가 '자금 후원'인 경우라면 주최사나 주관 후원사로 명분을 얻는 것보다 먼저 자금 투입이 가능한지, 더 정확히는 매년 일정 금액을 5년간 후원(지급)할 수 있는가에 대한 재무적 관점에서 들여다보는 것이 1순위일 것이다. 2순위는 앞에서 언급한 명분을 얻을 수 있는가를 면밀히 분석하는 것이다. 여기서 중요한 것은 회사의 최고 기획자인 대표의 입장에서는 1순위와 2순위가 바뀔 수도 있다는 점이다. 그것은 분석 결과뿐만 아니라, 대표의 경영 마인드와도 밀접한 관계가 있다. 그럼 3순위는 무엇일까? 해당 후원 사업을 5년간 지속적으로 수행할 수 있는가에 대한 검토가 필요할 것이다. 그 외의 순위는 문서를 분석하는 기획자에게 달려있다. 여러분도 여러분 각자의 입장에서 함께 생각해 보면 좋을 것 같다.

3단계인 내용 분석에 관해 살펴보자. 먼저 제안서 본문에 적혀있는 내용을 상상해 보자. 본문을 상상하려면 [POINT22]와 같이 '목차'를 상상해 보면 된다. 내가 제안서를 쓰는 담당자라고 가정을 해 보자. 첫 번째 목차에서 '제안 의도'를 작성했다면 두 번째는 '제안 개요'가 될 것 같다. 그다음은 '제안 내용'이 본문으로 전개될 것이고, 그 내용에는 ①후원 규모 ②후원 방법 ③후원 시기 ④후원 절차 ⑤후원금 관리 등이 명시될 것 같다. 그 다음에 추진 전략, 홍보 전략, 추진 일정, 당면 과제, 기대 효과 등이 이어질 것으로 판단된다. 여기서 문서 분석 담당자는 후원 규모의 타당성 내지는 가능성, 후원 방법의 적정성, 후원 시기의 적절성, 후원 절차의 합리성, 후원금 관리의 투명성 등에 관해 확인하고 분석해야 한다.

다음은 4단계인 문제 분석에 관해 고민해 보자.

문서를 통해 찾아낼 수 있는 문제들은 생각보다 매우 다양할 수 있다.

오타에 의한 문제부터 검증되지 않은 자료나 첨부에 대한 문제, 사실 관계와 다른 문제, 당장 직면한 문제일수도 있고 먼 장래의 문제일 수도 있다. 이 경우 문서를 분석 및 검토해서 보고하는 담당자는 사안이나 항목별로 이를 잘 정리해서 분석결과를 제때 보고해야 한다.

특히, 계약서의 경우는 계약서의 내용을 즉시 수정하지 않을 경우 회사에 심각한 손해를 줄 수도 있기 때문에 특히 주의해야 한다. 만약 담당자가 당장은 일어나지 않을 사안이라고 스스로 판단해서 보고의 적기를 놓쳤을 때는 돌이킬 수 없는 문제가 발생할 수 있다는 것을 항상 인지해야 한다.

문제를 분석해서 보고하기 위해 어떤 표나 보고서 양식을 만드는 것도 문제 분석의 좋은 툴이 될 수 있다. 보고자와 보고를 받는 자 간의 빈틈없는 소통이야말로 문제점을 있는 그대로 인지하고 그 해결 방안을 제시할 수 있는 좋은 방법이 될 수 있다.

No.	항목	문제점	심각 정도	우선 순위
1	계약 주체	현재 2자간 계약을 3자간 계약으로 수정해야 함.	5	1
2	별첨 사양	별첨 사양 중 2번 제품에 대한 스펙이 당사 기준에 맞지 않음.	5	2
3	비밀 보호 조항	계약서에 비밀 보호 조항이 없음. 별도로 추가가 필요함.	4	5
4	계약 해지 시 효과	상대방 귀책사유로 계약해지 시에는 기 지급한 개발비의 50%를 반환하도록 명시해야 함.	4	3
5	제3자 지식 재산권 침해 관련 조항	개발사가 제3자의 지적재산권을 침해하여 이의 제기나 소송이 발생하는 경우, 개발사는 당사를 대신하여 자신의 비용과 책임으로 이를 해결하도록 하는 조항을 명시해야 함.	4	4

〈표 14〉 계약서상 문제점 보고를 위한 표 작성 사례

위 표는 설명한 문제점에 대한 보고를 위한 작성한 사례다. 여러분 입장에서 어떤 것들이 보완되면 좋을지 생각해 보면 좋겠다.

5단계는 담당 분석이다. 문서의 종류나 그 내용에 따라 어떤 부서의 어느 담당자가 그 일을 처리할 것인지를 정하는 단계다.

과거 필자가 사단 사령부 공보장교로 근무할 때, 전군 단위의 대규모 훈련에서 상급 부대인 군단 '연락장교'로 차출되어 7일 동안 군단사령부에 가서 임무를 수행했던 기억이 생생하다. 사단 공보장교의 업무는 상황 발생 시 신속한 보도 본부 설치 및 기자 안내, 언론 대응, 취재 및 보도자료 작성 등이다. 그런데 그러한 고유 업무를 사단에서 수행해야 할 장교를 군단 예하 부대별 이동 상황을 체크하고 보고하는 임무로 군단에 파견했다는 것은 상급부대의 인력차출에 대한 공문을 접수한 담당자는 물론, 그 파견을 승인한 인사참모부 내지는 정훈공보부 참모에게 그 책임을 물어야 하는 심각한 사안이다.

만약 이것이 실제 전시 상황에서 발생했다면 어떻게 될까? 사단은 공보장교가 수행해야 할 임무를 제대로 하지 못할 뿐만 아니라 군단 역시 보병이나 포병 등 전투병과의 전문성을 가지지 않은 정훈장교에게 중대한 임무를 맡긴 결과가 되어버린다.

이렇듯, 문서로 시작되는 임무 수행 또는 문제 해결을 위해서는 문서가 요청하는, 또는 문서의 내용을 충분히 이해하고 이를 다룰 수 있는 올바른 담당자를 찾아 그 내용을 전달하는 것이 무엇보다 중요하다. 그리고 그것은 임무를 배치하고 담당자를 지정하는 기획자의 몫이자 책임이 된다.

다음은 6단계인 효과 분석에 관해 이야기해 보자.

효과를 분석한다는 것은 결과물에 대한 성과를 분석하는 것 이상의 의미를 담고 있다. 여기에는 어떤 일을 수행함으로써 나타나게 될 눈에 보이지 않는 다양한 가치에 대한 분석은 물론, 부정적인 결과에 대해 미리 들여다보는 것도 모두 포함된다.

효과 분석은 크게 두 가지로 '정량적 분석'과 '정성적 분석'으로 나눌 수 있다.

정량적 분석(Quantitative analysis)이란 '사업 전·후 효과 척도의 변화량 또는 증감률을 조사하여 비교·분석하는 것'을 의미하며, 정성적 분석(Qualitative analysis)이란 '설문조사 등에 의해 조사된 정성적 효과 척도인 이용자 만족도, 신뢰성 등을 파악하고 분석하는 것'을 말한다. 쉽게 설명하면 정량적 분석은 말 그대로 양적으로 숫자의 증감을 파악하는 분석이고, 정성적 분석은 성향 내지는 성질을 분석하는 것을 말한다. 이 두 가지가 적절히 분석되어 교집합적 분석 결과를 만들어내는 것이 필요하다. 숫자가 증가한 것만으로 사업의 미래를 판단하거나 여론조사만으로 그 결과를 사업에 반영하는 것은 교집합적 요소를 배재한 결과며, 이는 분석 결과에 대한 신뢰도 저하로 이어질 수 있다.

이와 같은 효과 분석은 사업기획안같이 사업 추진에 직접적인 영향을 미치는 문서에만 국한되는 것은 아니다. 일반 대외 협조문의 경우에도 협조에 필요한 정량적이나 정성적인 과제가 구분되어 도출되어야 한다. 보도자료 역시 사실 관계에 입각해 제시하는 숫자나 고객들의 반영을 묘사한 내용 등 보도자료가 기사화되었을 때 기대되는 효과의 정량적, 정성적 측면을 모두 고려해서 분석해야 한다.

그럼 이제 7단계인 법적 분석을 해 보자.

법적 분석은 간단하면서도 참 어려운 분석 단계다. 사내에 법무팀이 있어서 법적 검토가 이루어지거나 아니면 외부 변호사나 로펌 등과 자문 계약을 맺고 법적 검토를 요청하는 경우가 대부분인데, 결론부터 이야기하면 변호사의 검토만으로 법적 분석이 완성되는 것은 아니다. 다행히 계약서나 내용증명서, 소송문서와 같은 직접적인 법적 사안에 대해서는 법률 전문가의 조력을 받지만, 기획안, 제안서, 보도자료, 공문 등과 관련해 법률 전문가의 검토를 받는 경우는 드문데, 사실 문제는 이런 경우에 대부분 발생한다. 문서 분석의 사각지대라고도 할 수 있다.

변호사라고 해서 문서에 포함된 모든 요소에 대한 법적 검토를 하는 것은 아니다. 또한 검토를 해야 할 책임이 있으면서도 업의 특성을 이해하지 못해 특별히 문제가 되지 않는 사안으로 취급하는 경우도 있고, 요청한 부분에 대해서만 답변하는 경우도 있기 때문에 문서 검토를 전적으로 법률 전문가에 맡기는 것은 금물이다.

이를 위해 조직 내 '문서 분석가'를 두기를 권한다. 문서 분석가란 위와 같은 문서 분석을 하는 조직 내 담당자를 말하며, 업에 대한 지식은 물론, 법학을 전공하고 계약과 같은 실무를 경험한 사람이면 더욱 좋다. 물론, 기획팀의 인력을 활용하는 것이 최적이지만 외부 프리랜서 인력을 활용하는 방법도 있겠다. (뒤에 설명하겠지만) 이러한 문서 분석가는 '법적 지식을 가지고 있으면서 기획력을 가진 저널리스트 출신'이면 참 좋다.

이 책의 기획 의도에서 언급한 현대 경영학의 창시자 '피터 F. 드러커' 박사가 딱 그 경우다. 여기에 경제와 경영에 대한 전문지식과 경험도 갖추었으니 세계적인 경영학자이자 기획자가 될 수 있었을 것이다.

독일에서 법학박사 학위를 받은 드러커 박사는 미국으로 건너가 저널리스트를 거쳤으며 경제학자, 경영학자, 철학자, 정치학자의 위치에서 세계적 기업의 경영 혁신을 이끈, 그야말로 기획전문가였다.

> 잠깐! 그래서 사내 교육이 중요하다. 보통은 개인 역량 강화를 위한 어학이나 컴퓨터, 엑셀, 파워포인트 등에 치중하는데, 정말 필요한 교육은 조직의 기획력 강화와 혁신을 주도할 '신성장 동력팀'에 들어갈 전문 인력을 양성하는 것이 우선이어야 한다. '기획전문가', '문서 분석가', '질문 전문가' 등이 그것이다.[19]

---

19) 여러분도 잘 아는 바와 같이 기획전문가, 문서 분석가, 질문 전문가 등은 공식적인 전문가 자격증은 없으며 '질문 전문가'는 필자가 만들어 낸 전문 인력의 한 분야다.

이렇듯 법적 분석은 법률 전문가들이 으레 하듯, 법의 영역에 국한하여 이루어질 일이 아니다. 법을 둘러싼 모든 영역을 동원하여 종합적으로 이해하는 일이 선행되어야 할 것이다.

마지막으로 8단계 일정 분석은 어떻게 하면 좋을까?

일정 분석의 핵심은 '해야 할 것들'을 요구되는 순위와 일정에 따라 빈틈없이 나열하는 것이다. 여기서 기억해야 할 것은 일정을 분석할 때 문서상 상대방의 요청 사항, 법·제도적 준수 사항, 협력사와의 계약 사항 등 문서의 내용과 직·간접적으로 연결되는 외부 요건에 의한 일정 분석도 중요하지만, 내부 조직 및 인력에 대한 일정별 임무 수행 가능 일정을 파악하는 것도 그 이상 중요하다는 점이다. 이를 위해 필요한 경우 별도의 계약서에 일정과 관련한 세부 사항을 보다 자세하게 기입한다거나 기한을 준수하기 어려운 상황을 대비해서 일정에 대한 어느 정도의 탄력성을 두는 것이 필요하다.

문서상 상대방과의 관계에서 일정을 분석할 때 고려해야 할 사항들을 키워드로 나열하면 아래와 같다.

| 비용 | 세금 | 페널티 | 계약해지 | 통보 |
| 귀책사유 | 손해발생 | 결과물 | 이자 | 제공 |

위에 제시된 대부분의 키워드는 여러 문서 중에서 일정과 관련(기한 미준수 등)해 계약서에 적용되는 경우다. 그러나 이러한 키워드는 문서상의 상대방과의 소통 과정에서 계약서의 효력을 다투는 경우와 마찬가지로 검토의 영역에 포함되는 것들이기 때문에 제안서, 협조문, 보도자료 등 문서에서도 충분히 검토되어야 하는 키워드들이다.

PLANNING

제10장
보도자료와 기획

1. '보도자료'의 역할과 기능

　'보도자료'의 사전적 의미는 '공식적인 입장을 언론에 제공하기 위하여 작성한 자료'다. 그러니까 '보도자료'란 어떤 사실을 외부에 공식적으로 알리기 위해 작성한 문서인데 통상 보도자료는 홍보의 목적을 가지고 있거나 어떤 목적을 달성하기 위해 사실을 일부러 드러내는 역할을 하는 문서다.

　정부 입장에서 보도자료는 국민들이 꼭 알아야 하는 중요한 사실을 전달하는 것을 주요 목적으로 하고, 기업 입장에서 보도자료는 어떤 목적을 달성한 사실을 알리거나 새로 출시한 상품을 소개하는 등의 목적으로 활용된다. 공연계에서는 관객을 모으기 위해 개최 예정인 공연을 홍보하거나 공연의 성공적 종료를 홍보하는 데 활용하기도 한다.

그러면 보도자료는 어떤 기능을 가지고 있을까? 기획자가 정의하는 보도자료의 기능은 아래와 같다.

첫째, 보도자료는 '기획' 그 자체다.

'기획'은 '바라는 것을 새기는 것'([POINT02])이다. 보도자료를 작성하며 바라는 것은 '알리는 것'이 첫 번째고, '남기는 것'이 두 번째다. 알리는 것이 '사실'에 중심을 두고 있다면, 남기는 것은 '가치'에 있다고 할수 있다. 즉, 보도자료를 잘 새기는(작성하는) 것은 '사실'과 그 '가치'를 잘 정리하는 것을 말한다. 결국 기사화를 목적으로 보도자료를 작성하기 위해서는 사실관계의 빈틈없는 파악과 가치를 드러내기 위한 키워드를 잘 찾아내야 한다는 결론에 이른다.

독주회를 예고하는 보도자료를 생각해 보자. '언제, 어디서, 누가, 독주회를 한다'는 사실 관계만으로 채워진 보도자료는 인터넷 예매 사이트에서 쉽게 찾을 수 있는 '공연 정보'에 불과하며, 아래 설명하는 '저장 기능'이나 '증거 자료'는 될 수 있지만, 관심을 끌 만한 가치는 누락된 경우다. 이런 보도자료는 생명력이 약하고 이슈를 만들어낼 수 없다. 보도자료에 대한 '핵심 가치'([POINT08])가 세워지지 않았기 때문이다.

둘째, 보도자료는 사실을 저장하는 기능을 가지고 있다.

보도자료가 기사화되는 경우, 과거에는 신문이나 잡지로 도서관에 보관되기도 했지만, 지금의 인터넷 시대에는 '키워드'로 저장되어 블로그, 홈페이지, 언론기사 등 인터넷상의 파일주소인 'URL(uniform/universal resource locator)'로 저장되어 언제 어디서나 누구나 쉽게 접할 수 있는 정보가 된다. 따라서 보도자료는 개인 또는 조직의 중요한 이력이 되며, 아래서 설명하는 '신뢰'를 저장하는 역할을 하고 있기 때문에 그 작성에 더욱 신중을 기해야 함은 당연하다. 기업의 기획부서가 조사임무를 수행할 때 다양한 지식과 정보, 즉 'K'([POINT18])를 얻기 위한 방법 중 하나는 반드시 관련기사를 찾는 것이다.

셋째, 보도자료는 어떤 사실에 대한 증거 자료가 된다.

언론사와 기자의 이름을 걸고 공개되는 기사는 날짜, 장소, 대상, 내용 등 사실 관계를 가장 중요한 생성 원칙으로 삼기 때문에 그 기사의 내용은 재판에도 영향을 미치는 중요한 증거자료가 될 수 있다. 따라서 오로지 기사를 통한 목표 달성만을 위해 사실이 아닌 추측이나 거짓을 그 내용으로 새기는(작성하는) 경우는 기사를 접하는 독자에게 혼란을 야기하는 것은 물론 반드시 부메랑이 되어 작성자 스스로를 위험에 빠뜨릴 수 있다는 것을 명심해야 한다.

넷째, 보도자료는 신뢰의 근거 자료가 된다.

기사를 구성하는 모든 내용이 오직 명시적 사실만으로 채워지는 것은 아니다. 보이지 않는 사실이 중요한 내용을 이루는 경우도 있다. 위에서 제시한 독주회 종료를 알리는 기사의 경우 해당 공연이 '좋았다', '재밌었다' 등 평가 요소는 무작위로 선정한 일부 관객의 소감이 그 사실을 대신하는 경우다.

일반 관객을 인터뷰할 것이냐, 또는 연주자의 스승을 인터뷰 할 것이냐 중 어느 것을 선택하는지에 따라 그 내용이나 가치 역시 얼마든지 달라질 수 있다. '프로그램이 너무 신선했다', '시종일관 지루하지 않고 흥미진진했다'라는 어떤 관객의 반응을 기사화하면 그 독주회는 아주 잘 끝난 공연이 되지만, 스승의 인터뷰 내용 (물론 이렇게 인터뷰를 하지는 않겠지만) 즉 '평소 실력의 반도 발휘하지 못했다', '연습이 부족했는지 곡에 대한 해석이 부족했다'는 평가가 기사화되었다면 그 공연은 '많이 부족했던 공연'이 된다. 즉, 해당 연주회의 'A to Z'는 물론 'before A'와 'after Z'를 잘 정리해서 보도자료를 작성하는 것이 필요하다는 것을 알 수 있다.

다섯째, 보도자료는 계약서의 일부가 된다.

앞의 네 번째에서 설명한 신뢰의 근거가 법률 관계를 형성하는 계약 형태로 구체화되는 경우다. 기업에서 작성한 배포용 보도자료의 경우는 주식 시장 등 기업 평가에 영향을 미치는 중요한 자료가 되기 때문에 기사를 읽는 고객, 외주사, 협력사, 계열사 등과의 관계에서 계약의 효력과 유사한 영향력을 미칠 수 있는 문구나 키워드를 전략적으로 삽입하거나 또는 빼는 경우가 이에 해당한다.

여섯째, 보도자료는 기획의 14 구성 요소([POINT22])의 일부 또는 전부를 이룬다.

앞에서 학습한 바와 같이, 기획의 14 구성 요소는 '의도', '개요', '목표', '내용', '시장', '환경', '모델', '비용', '수익', '홍보', '전략', '과제', '일정', '효과'다. '스트레이트 뉴스(straight news)'의 경우에도 보도자료 작성자 입장에서는 기획의 14 구성 요소를 모두, 그것도 전략적으로 담을 수 있다. 다음 표는 각각의 구성 요소에 대한 보도자료의 예문을 상상력을 동원해서 작성해 본 것이다. 'No battery 스마트폰 개발'을 그 예로 들었다.

No.	요소	보도자료 예시
1	의도	"A전자 마케팅 총괄 K모 사장은 전 세계 스마트 기기 구동의 혁신을 주도할 신제품을 세계 최초로 개발했다고 밝혔다"
2	개요	"A전자가 세계 최초로 'No battery' 기술을 적용한 스마트폰을 출시했다고 지난 5일 전했다"
3	목표	"IT 전문가인 영국의 C 박사는 BBC 방송과의 인터뷰에서 'A전자가 이번에 출시한 제품은 'No battery 시대를 선언한 세계 최초 스마트폰'으로, 전 세계 스마트폰 시장을 1년 내에 석권할 수 있을 것'이라는 견해를 밝혔다"
4	내용	"이번에 출시된 No battery 스마트폰 'X'는 외관부터 확 달라졌다. 지금까지의 직사각형 형태에서 삼각형 형태로 외관이 변했으며, 터치형 버튼이 모두 사라지고 AI 음성인식기술만으로 조작이 가능한 것이 가장 큰 특징이다. 이와 함께 카메라는 모두 6개가 장착되었으며…"
5	시장	"앞으로 'No battery 시장'은 스마트폰을 넘어 전 스마트 기기로 확산될 전망이며 이는 환경오염을 줄이는 획기적 기술로 세계 경제의 흐름을 주도할 것으로 예상된다"
6	환경	"A전자 관계자 말에 따르면, 이번 No battery 시장을 개척하기 위해 A전자는 3년 전부터 신규전략사업부를 신설해 R&D 역량에 집중하면서 일찌감치 승부수를 띄웠다고 한다"

No.	요소	보도자료 예시
7	모델	"특히, A전자는 세계 최고 규모의 스마트 기기 배터리 개발 기업인 독일 D사와의 전략적 제휴를 통해 No battery 기술에 대한 특허를 세계 최초로 확보한 것으로 알려졌다"
8	비용	"A전자는 No battery 기술 개발을 위해 매년 8천억 원을 투입해 지난 3년간 총 2조 4천억 원을 R&D 비용으로 사용했다고 밝혔다"
9	수익	"A전자는 No battery 스마트 기기가 양산되는 2025년부터 이 분야에서만 매년 1조 원 이상의 순익을 거둘 것으로 보고 있다"
10	홍보	"이와 함께 A전자는 2024년 3월, 미국 MIT에서 No battery 스마트 기기 런칭쇼를 개최한다고 밝혔다"
11	전략	"A전자는 2025년 'No battery 디바이스'의 양산을 목표로 2023년 10월 에스토니아에 생산 공장을 설립할 계획이라고 밝혔다"
12	과제	"No battery 디바이스 양산을 위한 가장 큰 숙제는 킬러 IP라고 할 수 있는 전 세계 특허를 2022년 말까지 확보하는 것이고, 이는 무난히 기한 내 달성할 수 있는 목표라고 전했다"
13	일정	"A전자는 먼저 오는 12월 24일 크리스마스에 서울 삼성동 코엑스에서 온라인 생중계로 No battery 기술을 전 세계에 알리는 'A Show'를 개최한다고 밝혔다"
14	효과	"미국 스탠퍼드 대학 연구소는 이번 A전자의 No battery 기술이 전 세계 IT사업을 주도하게 될 뿐만 아니라, 지구의 수명을 100년 이상 연장시키는 초혁신적인 역사의 출발점이 될 것이라고 표했다"

〈표15〉 기획의 14 구성 요소별 보도자료(예시)

위 표에 제시된 기획의 14 구성 요소를 모두 결합해 보면 보도자료가 하나의 완전한 '기획안'이 되는 것을 알 수 있다.

뒤에 이어질 제13장 '기획안 작성'에서 더 자세히 설명하겠지만, 이러한 보도자료는 제9장에서 설명한 문서의 분석과 해체를 통해 역으로 기획안을 작성할 수 있는 아주 훌륭한 기획안 작성의 기초 자료가 될 수 있다.

예를 들어 설명하면, 만약 A전자의 경쟁사인 W전자가 No battery 기술에 대한 어떤 정보도 없는 상태에서 위 기사를 갑자기 접했다면 A전자가최초 No battery 기술 개발을 위해 작성한 기획안을 A전자의 입장에서 역으로 작성해봄으로써 기획안에 담았던 주요 키워드와 내용들, 그리고 그'핵심 가치'([POINT08])를 발견할 수 있다는 것을 의미한다.

이를 도식화해서 설명하면 아래 그림과 같다.

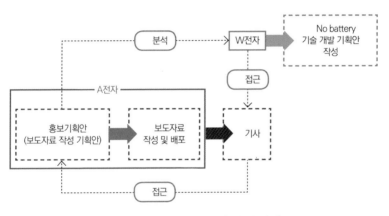

〈그림 08〉 보도자료와 기획안의 관계도

일곱째, 보도자료는 목표에 대한 구체적인 청사진이 된다.

홍보를 위한 보도자료에는 소위 '자랑거리'가 반드시 포함된다. 예상 보도자료인 경우에는 일부 과장될 수 있는, 즉, 기대를 향한 키워드도 제시된다. 이는 고객의 니즈를 불러일으켜서 잠재 고객을 확보하고 확장하는 계기가 된다. 그러나 그것이 근거 없는 기대가 되는 경우 오히려 고객을 잃어

버리는 결과를 초대하게 된다. 과장 광고를 금지하는 이유도 여기에 있다.

　기획의 관점에서 보면, 예고 보도자료에 목적이나 목표를 미리 제시하는 것은 아주 구체적이고 명확한 '꼭짓점'을 제시한다기 보다는 '흔들리지 않는 편안함[20]'과 같이 '우리의 큰 그림은 이렇다'로 접근하는 것이 보통이다. 따라서 보도자료를 작성하기 위해 기존의 유사한 보도자료틀을 사용하는 것은 금물이다. 물론, 'Time to submit'([POINT23])이 무엇보다 중요할 수 있지만, 기업의 홍보팀은 기획팀과의 협업을 통해 '홍보 기획안' 또는 보다 세부적인 '보도자료 작성 기획안'을 작성하는 것이 필요하다.

　아래는 지난 2017년 필자가 인터넷 신문사에 게재한 칼럼이다. 이 칼럼을 작성하기 위해 필자는 어떤 기획을 했는지 칼럼을 읽고 나서 여러분 입장에서 '칼럼 작성 기획안'을 작성해 보면 좋겠다.

---

20) 국내 모 침대 광고에서 인용

국악의 대중화, 위기인식이 먼저다.[21]

(허영훈 기자, 뉴스인, 2017.11.2.)

일본 오사카에 가면 전용 극장을 포함하는 '가부키' 극장들을 시내 곳곳에서 만날 수 있다. 가부키는 음악과 무용, 기예가 어우러져 시대를 풍미한 일본의 전통 연극으로 그 기원은 1603년으로 거슬러 올라간다. 한쪽으로 기운다는 의미의 '가부쿠'에서 유래된 가부키는 '관습에 얽매이지 않은 별난 모습'을 뜻한다. 젊은 남자 배우들이 여장을 하고 무대에 오르는 '와카슈 가부키'가 단연 인기다. 분장의 힘이지만 여자보다 더 예쁜 남자 배우들이 많은 팬들을 거느리게 된다.

특정일에는 마지막 공연이 끝나면 배우들이 팬서비스 차원에서 한 명씩 무대로 나와 관객들과 소통하는 커튼콜 시간이 무려 1시간 넘게 이어지는 경우가 있는데, 이 때 아주 특이한 장면을 목격할 수 있다. 배우들이 무대에 등장할 때마다 팬들은 객석에서 일어나 자기가 좋아하는 배우를 향해 하나둘 무대 앞으로 모여들고 배우는 무대 앞쪽에서 이들을 맞이하기 위해 몸을 낮춘다.

팬들은 미리 준비한 부채 모양으로 넓게 펼친 지폐다발을 배우의 가슴 부분에 직접 클립으로 끼운다. 팬이 많은 주연 급은 가슴뿐 아니라 상의 곳곳이 빈틈없이 지폐로 둘러싸인다. 로비에서 꽃다발이나 케이크 등 선물을 전하는 우

---

21) 출처:http://www.newsin.co.kr/news/articleView.html?idxno=66322

리와는 사뭇 다른 모습이다.

관객 중에는 이렇게 커튼콜과 함께 장장 4시간이 넘는 가부키 공연을 감상하기 위해 매주 한 번씩 공연장을 찾는 이들도 있다. 만석을 이루는 관객의 대부분은 50~60대 이상의 지역주민이다. 전용 공연장이 아닌 일반 공연장의 입장료는 한화로 2만 원에서 4만 원으로 우리와 비슷한 수준이다.

공연 직전까지 객석에서는 집에서 가져온 음식과 음료수를 먹는 모습, 큰 소리로 배우에 대한 이야기를 나누는 모습, 자유롭게 공연장 안팎을 제재 없이 들락날락하는 모습 등 다소 혼란스럽고 소란한 모습을 볼 수 있지만 객석이 암전되면 모두가 약속이나 한 듯 순식간에 조용하고 정돈된 분위기를 만들어낸다.

서울 서초동에는 우리나라 국악 공연의 1번지라 부를 수 있는 국립국악원이 있다. 국악원에는 정악단, 민속악단, 창작악단이 상주하고 있고 일반인들은 다양한 형태의 크고 작은 실내외 공연장에서 1년 내내 국악과 무용 등 다양한 전통 공연을 만날 수 있다. 상설 공연과 할인 공연 및 무료 공연도 자주 열린다.

하지만 할인이나 초대와 상관없이 자기 주머니에서 2만~4만 원을 흔쾌히 꺼내 국악원에서 국악 공연을 보려는 사람들은 매년 몇 명이나 될까? 약 70분동안 쉬지 않고 연주하는 가야금 산조 한바탕을 즐겨 관람하는 사람들은 과연 몇 명이나 있을까?

공연장의 관객 수와 매출이 제대로 집계되지 않고 있다는 지적은 이미

2014년에 심각하게 다뤄진 바 있지만, 국악 공연장들은 여전히 관객 수가 지속적으로 증가하고 있다는 긍정적 자료만 내놓고 있다. 돈은 벌지 못하면서도 공연은 계속 무대에 올려야 하는 사정은 서울의 경우 국립국악원 외에도 서울남산국악당이나 작년 9월 문을 연 서울돈화문국악당도 마찬가지다.

왜 사람들은 전통 공연장을 찾지 않는 것일까? 왜 공연장은 무료 관람으로만 관객들을 유혹하려는 것일까? 국악공연은 여전히 지루하고 재미없어서? 일본의 가부키 공연보다 예술성이 부족해서? 예술 감독이나 제작진의 수준이 떨어져서? 연주자들의 실력이 부족해서? 뮤지컬이나 클래식이 국악 공연보다 훨씬 더 볼만해서?

아니다. 우리나라 국악 교육과 국악인들의 예술 수준은 그 어떤 나라의 예술 장르와 비교해도 절대 뒤지지 않는다. 문제는 겉으로는 반만년의 빛나는 역사만 자랑하고 안으로는 땀 없이 안주하려는 기득권자들이 제대로 된 위기의식을 갖고 있지 않기 때문이다.

'어쩔 수 없다'는 핑계는 그만 접어야 한다. 표를 팔 자신이 없으면 국악인이 아닌 경영인에게 운영을 맡겨야 하며, 상주단원들에게 주는 월급보다 그 단체가 만들어내는 매출이 적다면 단체를 없앨 각오를 해야 한다. 언제까지 정부 지원금에 의지하고 대관료에 목을 맬 것인가?

공연장 시설을 보수하고 더 좋은 인프라 구축과 관객들의 안전을 위해 한 달 이상 공연장 문을 닫는 경우가 있다. 반드시 필요한 부분이다. 매년 부르짖어도 제자리인 '국악의 대중화'는 위기를 제대로 인식하는 것에서부터 출발해야 한다. 필요하다면 문을 닫아서라도 각계 전문가들이 머리를 맞대고 솔직한 진단과 실현 가능한 대책을 세워야 할 때다.

자, 이제 여러분은 위 칼럼을 작성한 칼럼니스트가 되어 칼럼을 쓰기 전 작성했을 '이번 주 칼럼 작성 기획안'을 작성해 보자. 위 칼럼의 '핵심 가치'는 무엇이며, 어떤 목적으로 작성했는지, 중심 키워드는 어떤 것들이었는지 등을 기획자의 관점에서 찾아내어 부제를 정하고 목차를 정하는 작업부터 시작해야 할 것이다. 그러고 나서 여러분이 기획한 대로 칼럼이 작성되었는지, 아니면 어떤 부분은 부족했는지 등을 발견해보길 바란다.

PLANNING

제11장
계약서와 기획

1. 계약 업무의 이해

필자는 삼성전자 반도체 기획팀에서 국내외 계약을 담당하는 Legal Assistant Manager로 근무했다. 대학과 대학원에서 법학을 전공한 이력을 바탕으로 주어진 임무였다. 주요 업무는 '상대 회사가 보낸 계약서 초안 분석, 보고 및 수정안 발송', '사업기획안이나 시행문 등을 근거로 한 계약서 초안 작성', '계약상 쟁점에 대한 법무팀과의 협업', '계약 협상에 참여' 등이었다.

가장 기억에 남는 계약 업무는 IBM과 협력하여 비메모리 분야의 반도체 제조공장(fab)을 기흥 사업장에 세우기 위한 협력계약서 초안을 작성하는 TFT에 참여하는 업무였다. 사업기획그룹장(부장)과 마케팅 부서 임원(상무), 법무팀 변호사와 기획부서의 조사 인력 등이 주축이 되어 별도의 사무실에 모여 과거 드라마에서나 볼 수 있는 담배 연기와 민감함이 자욱한 분위기 속에서 계약서 초안을 만들기 위해 낮밤을 가리지 않고 일했었다. 그러고 보니 그 사무실을 나와 엘리베이터 앞에서 쓰러질 뻔한 기억은 지금 돌이켜보면 오히려 좋은 추억으로 남아있다.

계약 업무 3년차에 접어들면서 필자는 당시 태평양법무법인에서 마련한 제1기 계약 실무 과정에 회사의 지원을 받아 참가했었는데, 재미있었던 점은 강사로 나선 변호사들의 강의 내용을 이해하는 데 전혀 어려움을 느끼지 않았다는 것이었다. 실제로 쉬는 시간에 다른 기업에서 참가한 담당자들과 이야기를 나누며 그들에게 오히려 '족집게 과외'를 했다.

위 사례가 시사하는 바는 계약서를 검토하는 것이나 계약서를 작성한다는 것은 당사자 간의 계약 관계를 단순히 법적인 문서로 정리하는 차원을 넘어 각 당사자가 계약을 통해 이루려는 목적과 가치, 회사의 대내외 환경, 법적 쟁점 및 계약 체결에 대한 홍보와 그 결과에 대한 효과 등 다각적이고 총체적인 고민들이 최적의 조화를 이루도록 하는 작업이라는 것이다.

2. 기획 관점에서의 계약서 작성

'계약'이란 '관련되는 사람이나 조직체 사이에서 서로 지켜야 할 의무에 대하여 글이나 말로 정하여 두는 것'을 말하며, '계약서'는 '계약이 성립되었음을 증명하기 위하여 작성하는 서류'를 말한다.

한편, 계약의 법률상 정의는 '일정한 법률 효과의 발생을 목적으로 두 사람의 의사를 표시함. 청약과 승낙이 합치해야만 성립하는 법률 행위 또는 그런 약속'이라고 설명하고 있다. 그럼 기획 관점에서 계약서는 어떻게 취급되어야 하며, 어떻게 작성되어야 하는 것일까?

기획의 정의([POINT02])가 '바라는 것을 새기는 것'이니 계약서는 '당사자들이 서로 바라는 것들을 잘 협의하고 조율해서 합의된 내용을 문서에 잘 새기는 것'이라고 할 수 있다.

그럼 계약 당사자 중 일방의 입장에서 계약서를 바라보는 '기획자의 눈'에 대해 이야기해 보자.

첫째, 계약 내용에서 '핵심 가치'([POINT08])를 찾을 수 있어야 한다.

계약을 체결하는 궁극의 목적이 어떠한 경우에도 훼손되어서는 안 되기 때문이다. 핵심 가치가 보존되어야 의견을 끝까지 관철시키거나 또는 양보할 수 있는 룸이 생긴다.

둘째, 계약서에 명시된 각각의 용어에 대한 올바른 정의([POINT01])를 확인해야 한다.

'아는 척' 그냥 넘어가는 부분은 법적 효과 측면에서 어마어마한 위험을 초래할 수 있기 때문이다. 이를 구체적으로 설명하면, '의상 제작 계약'에서 'A가 제작한 의상'이라는 제작의 목적물을 설명할 때, '의상'에 관한 명확한 정의가 없다면 모자나 양말, 의상에 부착된 액세서리 등을 의상으로 볼 수 있느냐에 대한 해석상 위험이 발생할 여지가 생긴다. 따라서 계약 상대방과의 관계에서 용어의 정의나 그 범위에 조금이라도 의심이 생기는 경우는 반드시 양 당사자가 서로 확인하고 합의한 용어가 별도로 계약서에 명시되어야 한다.

셋째, 계약을 통해 이루거나 확보해야 할 것들을 중요한 순서부터 서클의 확장([POINT15])을 통해 미리 정리하고 [POINT06]에서 설명한 바와 같이 'after Z', 즉 계약이 체결된 이후 대금 지급, 제품 전달, 중간 결과물 확인, 유지·보수 등 계약 관리에도 만전을 기해야 한다.

이를 위해 계약에 명시된 각각의 일정에 따라 '알람'을 발송할 시스템을 마련하거나 별도의 관리 부서를 두어 계약의 유효 기간 관리, 계약서 원본 보관 등 계약 체결 후에 해야 할 일들을 잘 정리하고 체크하는 것이 필요하다.

넷째, 계약서 초안을 받거나 직접 초안을 작성한 경우, 계약서의 각 조항에 따라 발생할 수 있는 효과, 특히 발생 가능성이 아주 낮은 'worst case'를 가정한 위험 관리를 하는 것이 무엇보다 중요하다.

대부분의 계약 당사자들은 협상 끝에 계약이 체결되면 그것으로 하나의 성과가 완성된 것으로 생각한다. 그러나 계약은 체결하는 것이 중요한 것이 아니라 약속을 지키는 것이 더욱 중요하다.

계약 체결 후에 '설마 이런 일이 일어나겠는가?' 하던 일이 일어나는 경우가 비일비재하다. 결국 계약의 이행과 관련한 문제나 분쟁이 생겼을 때 그 판결의 기준이 되는 것은 계약 내용뿐이다. 따라서 계약서를 작성하는 담당자는 법과 사업, 그리고 계약의 효과에 대한 무게중심을 각각 똑같이 두고 작성해야 한다.

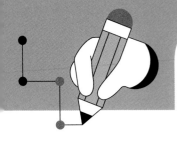

PLANNING

제12장
기획의 시작

지금까지 기획에 관한 다양한 이론과 원칙, 그리고 사례 분석 등을 통해 새로운 개념의 기획을 다양한 각도로 만나보았다. 자, 그렇다면 이제 여러분은 기획을 시작할 수 있는가?

만약 여러분이 이 질문에 대해 주저 없이 'Yes'라고 답하지 못했다면 아직 기획을 충분히 이해하지 못한 결과다.

여러분이 생각하는 모든 것, 그리고 직면하는 모든 문제를 글로 작성하고 그다음에 기획을 붙이는(새기는) 것이 바로 기획의 시작이다.

'○○기획'

[POINT29] '기획의 시작은 생각 또는 일 다음에 기획을 붙이는 것'

다시 질문해보겠다. 기획을 시작할 수 있는가?

위의 설명에 따라 기획을 시작하기 위한 문장으로 다시 작성해 보자. 바로 '기획을 시작하기 위한 기획'이 된다.

자, 그럼 위 타이틀대로 기획안을 작성해 보자. 기획안의 제목은 바로 '기획을 시작하기 위한 기획안'이 될 것이다. 그다음은 당연히 기획안을 작성하면 된다.

그럼 기획안을 작성하기 위해 가장 먼저 해야 할 일은 무엇인가? 바로 [POINT01]에 따라 타이틀을 이루는 각각의 단어에 대한 올바른 정의를 찾아내는 일이다. 정의가 필요한 단어는 '기획'과 '시작'이다. 즉, '기획'이 무엇인지 올바로 이해하고, '시작'이 무엇인지를 올바로 정의한 후 [POINT18]에 따른 'K'를 확보하는 것이다. 그다음은 위 타이틀에 따라 이루고자 하는 핵심 가치([POINT08])를 확정한 후, 필요한 단어에 대한 서클의 확장([POINT15])을 통해 문제 해결의 다양한 방향을 찾는 것이 필요하다. 즉, 나에게 '시작'이란 어떤 의미며, 시작을 위해 필요한 것들을 가까운 원에서부터 가장 밖의 원까지 중요한 순서대로 나열하는 것이다. 그다음은 나열된 단어들을 [POINT12] 따라 분류 작업을 하면 되는데, 보통 대분류는 기획안의 목차가 된다.

좀 더 쉬운 예로 접근해 보자.

여러분이 취업 예정자라고 가정해 보자. 그리고 '취업을 위해 어떤 것들을 준비해야 할지 막막하기만 하다'는 문제를 가지고 있다고 생각해 보자.

위 제시된 문제에 여러분은 어떤 타이틀의 기획안을 만들 수 있는가? 취업 준비 기획안? 취업 잘하기 기획안?

그렇다. 출발은 그렇게 하는 것이 맞다. 그러나 보다 많은 단어들을 사용해 구체적으로 작성해 보면 어떨까? 다양한 단어를 나열하면 할수록 확보해야 할 'K'가 많아지고, '서클의 확장'을 시도해야 할 키워드들이 많아지는 동시에 각각의 핵심 가치를 '백지'([POINT09])의 상태에서 고민하게 되어 보다 구체적이고 실현 가능한 기획안을 작성할 수 있게 된다.

이를 해결하기 위한 구체적인 사례를 만들어서 분석해 보자.

'경기 북부 지역 3성급 호텔의 식음료(F&B) 파트에서 장래 파트장을 목표로 하는 공채 신입 사원으로 취업하기 위한 준비기획안'

어떤가? 물론 이렇게 긴 문장의 기획안 타이틀은 실제로 없을 것이다. 그러나 이런 훈련을 통해서 통상 기획안 제목이 되는 '취업 기획안'을 완성할 수 있다.

그럼 앞서 제시한 '기획을 기획하기 위한 기획안' 작성의 해결 방안과 같이 위 취업 기획안 작성을 시작해볼까?

1단계는 [POINT01]에 따라 타이틀을 이루는 각각의 단어에 대한 올바른 정의를 [POINT09]상태에서 찾아내는 것이다.

여기서 정의가 필요한 단어는 '경기 북부', '3성급 호텔', '식음료(F&B) 파트', '파트장', '공채 신입 사원', '취업 준비'다.

위 단어들은 각각의 정의를 가지고 있다. 이제 이것들을 다시 취업 예정자 A의 상황에 맞추어 정리해 보자.

'경기 북부'는 A가 살고 있는 지역이다. 따라서 집에서 가까운 곳에 취업하기를 희망하고 있다. 또한 A는 2년제 대학의 호텔경영학과를 졸업했다. 평소 호텔 취업에 대한 관심을 가지고 다양한 역량을 쌓기 위해 노력해왔다. '3성급 호텔'은 그동안 살펴봤던 호텔들의 채용 공고를 보고 가장 적합한 대상이라고 삼았기 때문이다. 특히, 경기 북부에는 3성급 호텔들이 가장 경쟁력 있는 호텔로 자리매김했다. '식음료 파트'는 그동안 대학에서 가장 관심 있게 공부한 분야다. 현장 실습에서 운영까지 면접관의 어떤 질문에도 가장 자신 있게 답할 수 있는 영역이다. '파트장'은 입사 후 10~15년차에 도달할 수 있는 목표. 파트장이 된 후에는 4성급 이상 호텔로 이직할 수 있는 자격 요건이 된다.

2단계는 [POINT18]에 따라 각각의 단어에 대한 'K를 확보하는 것이다.

첫째, '경기 북부'의 특성을 비교적 자세히 파악하고, 경기북부 호텔을 이용하는 고객들의 타깃층을 분석한다. 물론, 이러한 타깃층 분석은 전문 영역에 속하나 A가 핵심 가치를 바라보는 정도에 따라 분석의 수준이 달라짐은 당연하다.

둘째, '3성급 호텔'의 '3성급'에 대한 표준, 기준, 특징, 규모 등을 전문 서적, 논문, 기사 등을 통해 파악한다. 4성급과 다른 이유를 파악하는 것도 당연히 포함된다. 그리고 일반적인 '호텔'에 대한 지식과 정보를 확보한 뒤 지원하려는 호텔에 대한 정보를 홈페이지, 기사, 홍보물 등을 통해 자세히 파악한다. 물론 A가 대학에서 배운 내용도 있지만 시야를 넓혀서 외국의 호텔 또는 국제적 규모의 체인 호텔 등을 분석하면서 호텔을 충분히 이해하기 위해 노력한다. (이렇게 'K'를 확보하다 보면 취업의 대상이 달라지는 경우도 있는데 이는 지극히 기획의 긍정적 효과며, 다시 변경된 대상에 따라 새로운 기획을 해야 한다.)

셋째, 호텔의 '식음료(F&B) 파트'는 어떤 조직과 인력으로 어떤 일을 하며, 어떤 메뉴와 이벤트를 가지고 있는지, 호텔마다 어떤 인프라와 경쟁력을 보유하고 있는지, 예약은 어떻게 이루어지는지 등 지원 분야에 대한 일반적인 'K' 외에도 보다 상위에 있는 전문지식을 확보하기 위해 노력해야 한다. A의 노력이 더해진다면 직접 찾아가서 해당 조직에 근무하는 담당자를 만나보거나 (쉽지는 않겠지만) 퇴사한 사람을 찾아 의견을 구하는 방법도 있다. 명심해야 할 것은 확보한 'K'에 따라 'A(attitude)'가 달라진다는 것이다.

넷째, 장래 목표로 하고 있는 '파트장'이 어떤 일을 하는지, 어떤 과정을 거쳐 그 자리에 오르는지 등을 파악하거나 알아본다. 직장에서 목표가 구체적이고 명확해야 재직 중 '성장 기획'이 가능하기 때문이다. 기업에 입사한 사원이 나중에 과장 승진 대상자가 되었을 때 일정 점수의 영어시험을 통과해야만 승진할 수 있다는 것을 미리 알고 있었던 사원과 모르고 있었던 사원은 영어 시험을 앞두고 희비가 엇갈리게 될 것이 분명하다.

다섯째, 채용 대상이 되는 '공채 신입 사원'을 충분히 이해해야 한다. 공채의 의미와 신입 사원의 의미는 채용 공고에 대부분 잘 나와 있다. 하지만, 대부분의 지원자들은 지원 자격과 지원시기, 그리고 지원 절차는 눈여겨보는 반면에 주요 직무, 근무 장소, 우대 사항 등의 주요 항목과 함께 제출 파일의 형태, 파일 이름, 메일 제목 등은 대충 살펴보는 경향이 있다. 이미 여기서 충분한 'K'를 확보 내지는 확인하지 않았기 때문에 합격으로 가는 길은 더욱 험난해질 뿐이다. 실제로 심한 경우는 며칠 동안 필요한 서류를 완벽하게 준비해놓고 지원 기한을 넘겨서 지원조차 하지 못한 사례도 있다. 채용 정보는 눈으로만 볼 정보가 아니라 뇌와 가슴에 모두 분명하게 새겨야 하는 취업을 위한 'K'의 가장 기본이 된다는 것을 잊어서는 안 된다.

마지막으로 '취업 준비'가 무엇인지를 스스로 정의하는 것이 필요하다.

취업, 그리고 준비라는 말이 갖는 의미는 지원자마다 다르다. 어떤 지원자에게는 생계를 위한 처절한 몸부림이 될 수도 있고, 어떤 지원자에게는 젊었을 때 자연스럽게 경험해 보는 단순한 과정이 될 수도 있다. 이러한 스스로의 'K'에 따라 'A'가 달라지기 때문에 그냥 넘어갈 수 있는 단어나 키워드는 사실상 없다.

3단계는 각각의 키워드에 대한 '핵심 가치'([POINT08])를 세우고, 본인이 필요하다고 생각하는 단어에 대한 서클의 확장([POINT15])을 실시하는 것이 필요하다. 그 결과 나타나는 목차들을 순서대로 나열하고 그 내용들을 채우는 작업을 정직하고 성실하게 완수하면 '경기 북부 지역 3성급 호텔의 식음료(F&B) 파트에서 장래 파트장을 목표로 하는 공채 신입 사원으로 취업하기 위한 준비 기획안'이 완성될 뿐만 아니라, 자연스럽게 합격에 이르게 된다.

지금까지의 과정이 'KASH의 법칙'([POINT17]) 중 'K' - 'A' - 'S'에 해당한다.

여기서 혹자는 이런 질문을 할 수 있을 것이다. '각 단어별로 기획을 완성하기 위한 절차를 통해 만족스러운 기획안을 작성했는데도 불구하고 실제는 떨어지는 경우가 더 많은 것 같다'는 것이다.

참으로 바보같은 견해다. 기획의 영어 정의를 기억하는가? [POINT04]는 'Process of thinking'이고 [POINT05]는 'Forethought'다. '기획'이라고 하는 것은 목표 달성이나 문제 해결을 위한 '필요충분조건'이 아니라 '완성'이나 '진실'로 향하는 '생각의 과정'이자 '미리 생각한 것'이다. 본 책의 도입부에서 언급한 '사회의 모든 문제는 기획의 부재에서 비롯된다'고 설명한 부분과 'Feasibility'를 설명한 부분을 다시 한번 잘 살펴보기 바란다.

한 유명 건강보조(기능)식품 광고가 떠오른다. "먹은 날과 먹지 않은 날의 차이를 느껴보세요"라는 출연자의 대사가 그것이었다. 목표 달성이나 문제 해결에서 있어서 '기획을 한 경우와 하지 않은 경우의 차이'를 여러분이 실감했으면 하는 바람이다.

그럼 결과론 측면에서 위 A의 상황을 3가지 경우의 수로 예측해 보자.

첫 번째는 A가 호텔 입사를 위해 열정을 바쳐 기획하는 과정을 정직하게 거친 경우다. 이 경우 A는 입사에 대한 자신감은 물론 면접관의 질문에 답할 수 있는 능력이 최대치로 상승해서 최종 합격했을 뿐만 아니라 입사 후에도 업무에 대한 적응 능력이 그 누구보다 높을 것이다.

두 번째는 A가 기획하는 과정을 제대로 거치지 않았거나, 아예 기획을 하지 않은 경우다. A는 이미 호텔 입사에 대한 진정한 핵심 가치를 발견하지 않은 채, 지원 자격을 충족한다는 사실 (가장 작은 'K') 하나만으로 입사 지원서를 제출했지만, 서류 합격 후 면접에서 떨어졌거나 입사 후에도 적응([POINT21])이 쉽지 않아 이직을 고려하게 될 것이다.

세 번째는 A가 기획하는 과정을 성실하게 거치면서 각각에 대한 'K'를 확보하는 과정에서 '아, 나는 호텔에 지원할 수 없겠구나' 하는 'A'가 생겨서 중도에 지원을 포기한 경우다. 이 경우는 '다행스런 경우'라고 할 수 있다. 기업이 신규 사업 타당성을 검토하는 과정에서 '우리 회사가 이 사업을 해서는 안 되는 타당한 이유'를 발견한 경우로, 재원 낭비를 사전에 막는 중대한 조치에 해당한다.

PLANNING

제13장
기획안 작성

1. '기획안'의 의미

'기획'의 올바른 정의를 바탕으로 한 '기획안(企劃案)'의 의미는 '바라는 것을 새긴 안건'이며, '기획서(企劃書)'는 '바라는 것을 새긴 문서'다. 기업의 경우 사업 추진이나 제품 개발, 홍보 및 마케팅, 계약 체결, 소송 등 주된 기업 활동은 물론 워크숍 개최, 인사이동, 내규 마련 등 기업 차원의 결심을 필요로 하는 사안에 대해 '이렇게 하려고 한다'고 작성하는 문서가 바로 기획안이나 기획서다. 이러한 기획안이나 기획서는 보고서 형태나 추진안 등의 이름으로 작성되기도 한다. '바라는 것'이 있고 '그것을 달성하기 위해 필요한 것들을 정리한 문서'라면 큰 의미에서 기획안 또는 기획서에 모두 포함되는 것이다.

2. 기획안의 구조

기획안은 아래 그림과 같이 크게 4개의 기본구조를 가진다.

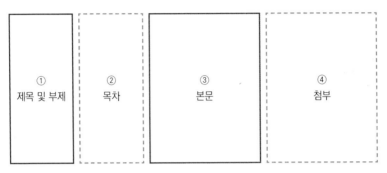

①
제목 및 부제

②
목차

③
본문

④
첨부

〈그림 09〉 기획안의 기본 구조

　기획안을 작성하는 대부분의 담당자들은 위 4개의 구조에 대한 중요성을 잘 인식하지 못한다. 그 이유는 기존에 작성된 기획안을 수정해서 작성하는 경우가 대부분이기 때문이다. 그러나 기획안에 담을 내용 중 어떤 부분을 제목으로 할 것인가에서부터 어떤 목차를 구성할 것인가, 그리고 본문에는 어떤 내용을 담을 것이며, 어떤 자료들은 첨부로 뺄 것인가를 고민하는 것은 기획안 작성의 기본 중의 기본이라고 할 수 있다.

　처음부터 어떤 부분은 본문에 작성하고 어떤 부분은 첨부로 작성할 것인가를 명확하게 정하는 것은 쉽지 않다. 사실상 기획안의 작성 목적이나 기획안을 최종적으로 보고받을 사람의 성향 등에 따라 그 배열이 달라지기 때문이다. 보통 기업에서 기획안 초안을 작성하는 담당자는 기획안을 1

차로 보고 받는 그룹장(부장급)이 대표의 성향을 고려해서 기획안 작성을 지시하게 되고 그 지시 내용에는 작성 내용과 그 방향 외에도 분량, 디자인, 자료 수입 등에 관한 가이드를 제시하는 것이 보통이다.

1인 기업의 경우 대표인 자신이 작성하는 사업기획안은 대표 스스로가 기획안을 바탕으로 계획을 수립하는 경우이므로 예견 가능하거나 미리 알아야 할 것들을 성실하게 찾고 고민한 후 작성하는 것이 무엇보다 중요하다. 특히, 조사나 경쟁사 분석의 경우에는 많은 노력과 시간을 투자해야 하기 때문에 쉽지 않는 과정을 거치는 것이 보통이다.

기획안 작성 시 가장 큰 문제는 수집한 'K'의 신뢰성이나 실현 가능성이 현저히 낮은 경우인데, 국가나 지자체 등 지원 사업에 지원하기 위해 제출하는 기획안의 경우는 '보여주기 식'으로 작성하는 경우가 많고 사실상 충분한 검토 결과로 선정하는 경우가 드물어서 기획안의 기능과 그 작성 목적을 올바로 평가하지 못하는 사례들이 많이 발생한다.

기획안을 잘 작성하는 방법에 대해서는 다음 장에서 설명한다.

PLANNING

제14장
기획안의 완성도

1. 기획안 완성의 기준

기획안이 완성되었다는 것의 기준은 무엇일까? 지시를 내린 부서장의
마음에 들면 완성된 것인가? 아니면 기획안에 대한 최종 결정권자가 'O.K'
하면 되는 것인가? 대부분은 후자인 최종 결정권자의 재가가 있으면 완성
되는 것이 보통이다. 그러나 이것은 절차의 완성이지, 기획안의 완성도와
는 무관하다.

물론, 기획안을 검토하는 결정권자가 기획 마인드를 가지고 있다면 보
고를 받는 자리에서 작성자나 부서장에게 다양한 질문을 할 것이고, 그 질
문에 대한 답을 찾아서 수정 및 보완된 기획안을 다시 발표하라는 지시를
부서장에게 하게 될 것이다.

그럼 기획안이 완성되었다고 볼 수 있는 기준은 어떤 것들이 있는지 살펴보자.

첫째, 필요한 질문에 대한 타당한 답변이 마련된 경우에 기획안이 완성되었다고 할 수 있다.

1차 검토를 한 부서장이 기획안을 작성한 담당자에게 이렇게 질문한다. "이 숫자는 어떻게 나온 건가?", "이 제품은 어떻게 홍보할 생각인가?", "제3자의 특허를 침해할 가능성은 없나?", 직접 개발하는 것보다 외주로 맡기는 게 더 낫지 않나?", "경쟁사 한 곳만 가지고 비교가 될 수 있나?", "예상 매출을 이렇게 잡은 이유는 무엇인가?" 등 다양한 의문에 대한 답이 기획안의 본문이나 첨부에 제대로 들어가 있어야 그 기획안이 완성되었다고 할 수 있다. 물론, 그다지 중요하지 않은 일반적인 내용이나 아주 세부적인 내용들까지 모두 기획안에 담아야 하는 것은 아니다. 그러한 것들은 작성자의 머릿속에 잘 저장하고 있으면 된다.

둘째, 필요한 목차가 모두 나열된 경우 기획안이 완성되었다고 할 수 있다.

기획안을 본격적으로 작성할 때 가장 어려운 부분은 'K'를 확보하는 것도 아니고, 많은 분량을 작성해야 하는 것도 아니고, 디자인이 돋보이게 해야 하는 것도 아니다. 가장 어려우면서도 중요한 부분은 목차를 잘 구성하는 것이다. 제목과 달리 기획안의 목차는 절대로 같을 수가 없다. 똑같은 분야의, 똑같은 제목을 가진 기획안이라 하더라도 그 기획안을 생성하는 조직의 성격, 규모, 대내외 환경, 추진 배경 등에 따라 목차는 당연히 달라질 수밖에 없다.

그렇다면 목차가 모두 나열되어 있다는 것은 어떻게 알 수 있나?

결론부터 이야기하면, 기획자의 양심으로만 판단 가능하다. 기획안을 작성하는 담당자가 부서장에게서 지시받은 기획안의 제목으로부터 도출한 수많은 'K'를 하나도 빠짐없이 집어넣을 집을 찾는 것, 그것이 바로 목차가 되는데, 담당자가 'K'를 찾는 것을 게을리했다면, 그 수도 많지 않아서 집도 줄어들게 마련이다.

중요한 것은, 여기서 말하는 'K'는 단순히 기획안의 제목이 가지고 있는 단어를 서클의 확장([POINT15])을 통해 분류하는 것에 그치는 것이 아니라, 간단한 사실 관계부터 객관적 평가, 현재의 대내외 환경, 그리고 결정권자의 성향까지도 모두 파악하는 것을 말한다. 따라서 작성자는 어떤 목차가 준비되어야 하는가를 가장 많이 고민해야 한다.

셋째, 명확한 근거로 무장된 경우에 기획안이 완성되었다고 할 수 있다.

기획안은 실제로 발생하지 않은 일을 미리 예측해서 작성하는 것이므로 기획안의 신뢰 정도를 높이는 작업은 그 무엇보다 중요하다. 그렇다면 그 신뢰의 바탕이 되는 것은 무엇일까? 바로 명확한 근거를 찾아내서 정직([POINT27])하게 정리하는 일이다. 환경, 시장, 내부 역량, 경쟁사 동향, 기술 수준, 트렌드, 가격, 예상 매출, 시장 반응 등은 수시로 변하거나 실제로

'뚜껑을 열어봐야' 알 수 있기 때문에 분명한 근거로 산출되는 결과물들을 잘 수집하는 것이 필요하다.

따라서 몇십 명 정도를 대상으로 한 설문 조사를 그 근거로 한다거나, 한두 명 정도의 전문가 의견만으로 그 방향을 예측하는 것, 또는 먼 과거의 데이터를 그대로 인용하는 것이나 한두 건의 신문 기사만으로 그 근거를 삼는 것은 대단히 위험하다.

2. 기획안의 완성도를 높이기 위한 방법

그렇다면 기획안의 완성도를 높이기 위한 방법은 어떤 것들이 있을까?

첫째, 수정 작업을 고려한 적절한 작성 기간을 확보한다.

기획안은 한 번에 완성되지 않는다. 중간 보고 등을 통해 보완과 수정을 거듭해야 하기 때문에 이를 고려해 작성 기간을 잡는 것이 필요하다.

둘째, 필요한 'K'를 최대한 많이 뽑아낸다.

'KASH의 법칙' 중 가장 첫 번째가 'K'인 이유는 법칙을 완성하는 데 가장 중요한 요소이기 때문이다. 'K'를 폭넓게 준비한다면 각각의 'K'를 통한 문제 해결은 물론, 'K'와 'K' 간의 관계 속에서 또 다른 'K'가 만들어지기 때문에 보다 확장된 'K'를 발견하게 되어 예상 문제를 빠짐없이 체크할 수 있다.

셋째, '기획의 체험'([POINT07]) 성과를 최대한 많이 접목시킨다.

'기획력'은 기획을 반복하면 할수록 반드시 지속적으로 업그레이드되고 성장한다. 그 성장하는 과정 속에서 발견한 진주 같은 키워드들이 있다. 그것을 새롭게 작성하는 기획안에 양념처럼, 육수처럼, 고명처럼 활용하면 기획안 작성에 큰 도움이 된다.

넷째, 예상 질문을 많이 만들어낸다.

내부의 시각은 물론, 제3의 시각에서 예상 질문을 많이 만들어내는 것이 좋다. 때로는 엉뚱한 질문이 약이 되기도 한다. 좋은 질문은 좋은 'K'를 양산하는 또 다른 방법이 된다. 조직 내에서 '질문 전문가'를 육성하는 것도 좋은 방법이다.

다섯째, 부서 자체 발표회를 수차례 연다.

발표회는 최종 결정권자 앞에서 발표를 잘하기 위한 자리가 아니라 빠진 것이 있는지, 잘못된 것이 있는지, 부족한 것이 있는지를 점검하는 자리다. 기획안을 수정 또는 보완하는 작업 후 발표회를 갖는 것이 필요하다. 이와 같은 발표회는 진행 방법과 시간을 측정하는 데도 도움이 된다.

여섯째, 모의 Q&A를 수시로 실시한다.

실전과 같은 모의 Q&A는 많을수록 좋다. 방식은 중요하지 않다. 관계자들이 반드시 모여서 하지 않아도 된다. 카카오톡 등 스마트폰을 활용한 단체 소통방을 만들어 정해진 시간에 질문을 올리는 것도 좋은 방법이다. 여기서는 즉시 답변이 가능한 것은 바로 올리고, 추가 조사나 확인 등이 필요한 답변은 '언제까지 올리겠다'고 답글을 달고 올바른 답을 준비한다. Q&A가 활발히 이루어지면 양질의 'K'를 추가로 확보하게 될 뿐 아니라, 부족한 'K'를 보완할 수 있다.

일곱째, 작성에 가장 적합한 인력을 확보한다.

기획안은 기획자가 작성하는 것이 가장 좋다. 보다 노골적으로 말해, 기획전문가가 작성하기를 권한다. 기획의 중요성, 즉, 기획안 작성의 중요성을 올바로 인식하고 있는 내부 인력이 기획안을 작성하는 것이 가장 좋다.

이를 위해 기획 인력들을 육성할 수 있는 기획자 교육 과정을 두는 것이 필요하다. 기획안 작성 경력이 풍부한 인력을 뽑는 것은 득이 아닌 오히려 해가 될 수 있다. 무대 경력 10년차 배우에게 연기의 기본기를 가르치는 것이 쉽지 않은 것과 같다.

PLANNING

제15장
기획전문가

1. 기획전문가

본 책의 도입부와 함께 제1장에서부터 제14장에 이르기까지 기획을 둘러싼 새롭고도 다양한 이론과 적용 사례를 만났다. 그렇다면 이제 여러분은 '기획전문가'가 될 준비가 되었는가? 아직도 이 질문에 자신 있게 답할 수 없다면 처음부터 다시 읽어보기 바란다. 특히, 제14장까지 제시된 다양한 키워드에 대해 별도로 기록하지 않았다면 참으로 실망스러운 일이다.

이 책에서 차려놓은 모든 음식을 다 먹을 필요는 없지만, 최소한 이것만큼은 먹어둬야 하겠다 싶은 것들은 여러분의 빈 노트에, 여러분의 메모장에, 여러분의 기획안에, 그리고 여러분의 보고서에 직접 적용시키거나 키워드로 함께했으면 하는 바람이다.

자, 그럼 이제 '기획전문가'란 무엇인지 이야기해 보자.

보다 쉽게 접근하기 위해 먼저 '보일러 설치 전문가'를 자세히 해석해 보자. '보일러의 구조나 작동 원리, 재료 등을 훤히 알고 있고 보일러 설치에 필요한 방법과 도구 및 보일러 작동 시 발생할 수 있는 여러 문제점들을 오랜, 그리고 반복된 훈련을 통해 빠짐없이 알고 있어서, 보일러 설치에 어떤 어려움이 있더라도 그동안의 경험과 노하우로 모든 문제를 빠르게 해결하고 사용자가 보일러를 안심하고 사용할 수 있도록 최적의 시간 내에 설치를 완료할 수 있는 전문가'로 해석할 수 있을 것이다.

그렇다면 이제 위와 같은 방법으로 '기획전문가'를 정의해 볼 차례다.

'기획전문가'란 '기획의 정의와 기능, 원칙, 본질 등을 훤히 알고 있고, 기획하는 데 필요한 방법과 도구 및 기획 시 발생할 수 있는 여러 문제점들을 빠짐없이 알고 있어서 기획을 함에 있어서 어떤 어려움이 있더라도 그동안의 경험과 노하우로 모든 문제를 빠르게 해결하고 기획에 따라 계획을 수립 및 실행하는 자들이 기획한 바에 따라 계획을 안심하고 실행할 수 있도록 최적의 시간 내에 기획안 작성을 완료할 수 있는 전문가'라고 정의할 수 있을 것이다.

필자는 이를 종합해 '기획전문가'란 '무엇이든 기획할 수 있는 전문가'라고 정의한다.

'무엇이든 기획할 수 있다'는 것은 자신이 배우지 않았거나 경험해보지 않은 분야라 하더라도 기획의 여러 원칙에 따라 해당 분야의 전문가 이상으로 기획안을 작성할 수 있는 것을 말한다.

여기서 '기획안'이라는 문서보다도 '기획' 그 자체에 핵심이 있지 않느냐고 질문할 수 있다. 그러나 '기획'의 정의가 '바라는 것을 새기는 것'이니 그 최종 결과물은 당연히 '새기는 것'이어야 하기 때문에 기획 자체의 사고의 과정이나 그 행위가 가치 차원에서 훨씬 더 중요한 것은 사실이지만, 최종 목적지는 '새긴 것'이 되어야만 한다.

2. 기획전문가 측정 기준

그럼 기획전문가의 수준은 어떻게 측정되고 평가되어야 할까?

우측의 표는 필자가 제시하는 측정 기준 및 평가표다.

표에서 최고 점수는 50점이고 최저 점수는 10점이다. '●'로 표시한 경우의 평가점수의 합은 43점이다(5점 4개 + 4점 5개 + 3점 1개).

물론, 사안과 경우에 따라 평가표의 점수는 측정할 때마다 항상 달라질 수 있다. 그러나 어떤 경우에도 기획전문가는 최소 40점 이상을 받아야 한다.

여러분도 우측의 평가표에 따라 스스로 평가를 해 보면 좋겠다. 만약

No.	측정 기준 (초안[22] 완성 기준)	제한 시간	평가표				
			매우 그렇다 (5)	그렇다 (4)	보통 이다 (3)	그렇지 않다 (2)	전혀 그렇지 않다 (1)
1	문서를 근거로 기획안을 작성할 수 있다.	24 시간	●				
2	제목만 듣고 기획안을 작성할 수 있다.	72 시간		●			
3	200개 이하의 흩어진 단어들을 분류할 수 있다.	1 시간	●				
4	기획안의 제목만으로 목차를 구성할 수 있다.	30분	●				
5	기획안을 검토 후 문제점을 정리할 수 있다.	1 시간		●			
6	준비 없이 모인 회의에서 안건만 확인 후 회의 순서를 정할 수 있다.	10분		●			
7	기획안 발표를 듣고 핵심적인 질문을 할 수 있다.	1분		●			
8	어떤 분야의 기획안도 초안을 작성할 수 있다.	24 시간			●		
9	회의 후 누구보다도 회의록을 잘 작성할 수 있다.	1 시간	●				
10	기획안을 읽고 보도자료 또는 계약서를 작성할 수 있다.	2 시간		●			

〈표 16〉 기획전문가 측정 및 평가표

30점 미만이 나왔다면 부족한 항목을 4점 이상으로 어떻게 끌어올릴까 하는 기획을 해 보면 좋겠다.

---

22) 여기서의 '초안'은 기업에서 대표에게 보고하는 1차 기획안 정도로 생각하면 된다.

3. 언론 기사와 기획안

위 표에 명시된 첫 번째 측정기준인 '문서를 근거로 기획안을 작성할 수 있다.'를 해결하는 데 도움이 될 수 있는 기사 하나를 소개하고자 한다.

아래 기사는 필자가 직접 작성한 보도자료 초안을 근거로 게재된 것으로, '콘텐츠 개발'과 관련한 내용을 담고 있다. 여러분이 기획자가 되어 '콘텐츠 개발 기획안'을 작성한다는 욕심으로 해당 기사를 적절히 해체하고 분석해보기 바란다. 표에 제시된 측정 기준에 따른 기획안 작성 시간은 24시간이다.

"콘텐츠 기획, 따라가지 못하면 앞서가라"[23]

(내외경제TV, 2021.1.19.)

'위드 코로나 시대', 2021년 위기 극복을 위한 각계의 힘겨운 노력이 추운 겨울을 보내고 있는 이 때, 자생력과 경쟁력 없이는 '버티는 것이 더 이상 이기는 것'이 아님을 분명하게 인식해야 한다고 주장한 한림대학교 글로벌 협력대학원 허영훈 겸임 교수가 지난 17일 뉴미디어 시대의 경쟁력 있는 콘텐츠 개발을 위한 '콘텐츠 기획'의 중요성에 대해 자신의 의견을 피력했다.

'기획전문가'로 잘 알려져 있는 허 교수는 "마케팅기획전문가, 공연기획 전문가, 게임기획전문가 등 분야별 기획전문가들이 참 많지만, 여기서 말하는 기획전문가는 '최상위 개념의 기획'을 이해함으로써 분야나 장르와 관계없이 무엇이든 기획할 수 있는 전문가를 말한다"며, "기획의 본질과 기능을 분명하게 이해하는 기획전문가는 자신의 전공과 다른 어떤 분야도 해당 분야 기획자 이상의 전문기획을 수행할 수 있다"고 설명한다.

대학원에서 '콘텐츠 기획론'을 강의하면서 한국콘텐츠진흥원 평가위원으로도 활동하고 있는 허 교수는 콘텐츠의 정의에 대해서는 "많은 기관과 기업에서 여전히 '컨텐츠'라고 쓰고 있는데 잘못된 표현이다. 물론 영어의 'content'와 'contents'는 구분되는 용어지만 한국어 표기로만 보면 국립국어원에서 채

---

23) 출처: www.nbntv.co.kr/news/articleView.html?idxno=916595

택하고 있는 '콘텐츠'가 맞는 표현이다"라며, 또 다른 근거로 콘텐츠산업진흥법 제2조를 인용해 "콘텐츠란 부호·문자·도형·색채·음성·음향·이미지 및 영상 등 (이들의 복합체를 포함한다)의 자료 또는 정보를 말한다"면서 "사람이 보고, 읽고, 듣고, 느끼는 것들의 '매개'가 되는 것, 또는 그것을 구성하는 '내용물'로 다시 설명할 수 있는데, 중요한 것은 '채널을 통해 전달이 가능한 것'이어야 한다"고 말했다.

요즘 가장 핫한 콘텐츠에 대해서는 "글로벌 한류 콘텐츠인 BTS 뮤직비디오와 그 음원이라고 말할 수도 있지만, 코로나 시대에 가장 핫한 콘텐츠는 '코로나의 위협에서 벗어나는 데 도움이 되는 콘텐츠'라고 할 수 있다"면서 "안전하거나, 편리하거나, 신속하거나, 무료함을 달래거나, 스스로 해결하는 데 도움이 되는 콘텐츠 또는 그에 대한 지식과 정보가 되는 콘텐츠가 주류를 이루고 있다고 볼 수 있다"는 설명을 덧붙였다.

그럼 성공적인 콘텐츠 개발은 어떻게 시작하는 것이 필요할까? 이에 대해서는 첫 번째는 "콘텐츠 시장을 읽는 것이 필요하다"면서, "콘텐츠 시장은 주식 시장과 매우 유사한데, 콘텐츠 개발은 주식 발행에, 콘텐츠 이동은 주식의 유통에, 콘텐츠 수익은 주가 상승에 비유할 수 있다. 우리나라 주식 시장의 특징은 주식 투자 인구가 많다는 것과 코스닥에 갈수록 개인 투자자 비중이 높다는 것, 그리고 단기 투자 성향이 강하다는 것으로 요약할 수 있는데, 이를 콘텐츠 시장에 적용시키면 뉴미디어 플랫폼 중심으로 많은 사람들이 모여들고, 1인 미디어 시장이 계속해서 증가하고 있다는 것, 그리고 단기간 내에 파급 효과가 나타나는 콘텐츠 개발에 집중하고 있다는 것이다. 여기서의 핵심은 '시장을 읽는 능력'이다. 그것은 '어떤 콘텐츠를 개발할까?'의 고민에 머물지 않고 플랫폼 시장과 콘텐츠 유통시장의 분위기, 그리고 콘텐츠에 몰리는 고객(reader)들의 니즈(needs)를 파악하는 것이 먼저여야 함을 의미한다"고 설명한다.

이어 두 번째는 "콘텐츠를 실어 나르는 채널을 이해하는 것"이라고 말하면서, "여기서 '채널'이란 콘텐츠에 담긴 메시지를 전달하는 미디어를 말한다. 특히, 양방향 소통이 가능해진 다양한 기능의 뉴미디어 플랫폼을 이해하는 것이 대단히 중요하다. 개발하려는 콘텐츠가 유튜브에 적합한 것인지, 아니면 페이스북이나 인스타그램에 적합한지 여부를 알아야 하기 때문에 각각의 플랫폼에 대한 목적과 기능은 물론 정책과 프로세스, 보호 장치, 데이터 분석, 지원서비스 등에 관한 폭 넓은 연구가 필수다"라고 전했다.

세 번째는 "콘텐츠를 스스로 기획할 수 있어야 한다"고 설명하면서, "콘텐츠를 기획하기 위해서는 가장 먼저 '기획'을 명확하게 이해해야 한다"고 강조했는데, 기획의 올바른 정의에 대해서는 "바라는 것(바랄 '企')을 새기는 것(새길 '劃')이다. 사업기획안을 잘 작성한다는 것은 이 사업의 핵심가치는 무엇이며, 어떤 환경 속에서, 무엇을 가지고, 누구에게, 어떤 방식으로, 어떤 목표를 두고, 어떤 전략과 순서로 준비할 것인가 등을 잘 정리하는 것이다"라며, "콘텐츠를 기획하는 것도 다르지 않다. 위에서 설명한 콘텐츠 시장과 채널에 대한 이해는 물론, 콘텐츠를 통해 개발자나 전달자가 진정으로 바라는 것이 무엇인지를 다양한 지식과 정보를 근거로 잘 정리하는 것이 매우 중요하다"고 역설했다.

이에 덧붙여 콘텐츠의 개발 과정과 완성에 대해 허 교수는 "콘텐츠가 개발되어 고객에게 전달되기까지의 과정은 보통 5단계로 설명된다"며, "1단계는 'Strategy'로 핵심 가치를 좇기 위한 전략을 수립하는 단계고, 2단계는 'Writing'으로 콘텐츠를 개발하는 단계다. 여기서 개발을 'Development(개발)'가 아닌 'Writing(쓰기)'으로 표현한 것에 주목해야 한다. 영상의 경우 영상이 갖는 의미 속에는 결국 눈에 보이는 연속되는 이미지보다 그 메시지가되는 'Text(텍스트)'가 중요하다는 의미다. 3단계는 'SEO(Search Engine Optimization)'로 플랫폼의 기능을 원활히 하기 위한 검색 엔진 최적화 단계다. 인터넷 검색에서 상위에 노출되도록 하기 위해 핵심 단어를 선택하거나 적절한 도메인 이름을 설정하는 것, 포스트의 가독성과 웹페이지 로딩 속도를 높이는 것, 태그나 링크를 적절한 키워드로 활용하는 것 등이 여기에 포함된다. 4단계는 'Publishing' 단계로 '내놓는 것'을 말하는데, 책을 써서 '출간'하는 단계로 비유할 수 있다. 출판사 선정과 표지 디자인, 책의 크기와 분량, 제목 등을 고민하는 단계다. 마지막 5단계는 'Promotion' 단계로 출간된 책을 홍보하고, 이슈를 만들고, 지속적인 마케팅을 전개하는 것과 같은 단계다. 이러한 단계별 과제를 차질 없이 수행했을 때 성공적인 콘텐츠가 탄생할 수 있다"고 전했다.

콘텐츠 개발자를 꿈꾸는 사람들에게는 "콘텐츠는 결국 메시지를 전달하는 것이므로 그 내용을 어떻게 표현하고, 어떤 식으로 어디를 통해 전달할 것인가를 고민하는 '사고의 과정(process of thinking)'이 반드시 필요하고, 그 첫 단추가 바로 '기획'이라는 것을 절대로 잊어서는 안 된다"며, "유튜브 영상 콘텐츠를 개발하려는 경우, 촬영과 편집 기술만으로 좋아하는 유튜버를 무작정 따라가려고 한다거나 유튜브 채널을 생성해서 '일단 영상부터 올려보자'는 방식으로는 절대로 경쟁력있는 콘텐츠를 생산할 수 없다"고 역설하면서 "빨리 따라가는 것보다는 충분한 고민과 공부, 그리고 시뮬레이션을 통해 천천히 앞서가려는 의지와 노력이 먼저여야 한다"고 밝혔다. 이와 더불어 "콘텐츠가 모이는 플랫폼 개발에도 많은 관심을 기울여야 한다"며, "한국은 콘텐츠 강국이지만 시장을 지배하는 플랫폼은 여전히 선진국이 강국이다. 2021년은 글로벌 시장을 선도하는 한국형 콘텐츠 플랫폼이 만들어지는 원년이 되었으면 한다"는 바람을 전하기도 했다.

마지막으로 "콘텐츠 개발에는 분야도, 한계도, 장벽도 없어 보인다. 어떤 사업이든, 그 사업을 뒷받침하거나 지켜낼 수 있는, 또는 그 자체로 경쟁력 있는 제품이 되는 콘텐츠를 제대로 기획하고 만들어낼 수 있다면, 그 콘텐츠는 어떠한 위기 속에서도 희망이 되는 '생존키트'가 되지 않을까 생각해 본다"고 전했다.

자, 이제 여러분은 위 기사를 읽고 나서 24시간 내에 '콘텐츠 개발 기획안' 초안을 작성해야 한다. 부제와 목차, 내용 및 별첨을 정하고 그 내용을 채우는 것은 전적으로 여러분의 손에 달렸다. 제12장에서 공부한 '○○기획'과 함께, 그동안 반복해서 짚었던 각 [POINT]를 꼼꼼하게 체크해보길 바란다. 거듭 강조하지만 정해진 기획안은 없다.

기획안을 작성한 기획자의 양심과 핵심 가치에 도달했는가 여부가 기획안을 평가할 뿐이다.

4. '2초 기획'

위의 설명에 대한 핵심 포인트는 '누구나 기획전문가가 될 수 있다는 것'이다. 그럼 기획전문가가 가지게 될 독보적인 역량은 무엇일까? 그 중 최고의 기술은 '2초 기획'이다. 2초 만에 기획이 가능하다는 것이다.[24]

그렇다. 사실이다. 2초 동안의 기획이 필요한 경우는 우리의 일상 속에서 의외로 많다.

대표적으로는 면접관의 질문에 답하기 위한 준비 시간이 최대 2초다. 기획전문가라면 2초 안에 면접관이 감탄할 만한 답을 기획해서 그 결과물을 내놓아야 한다. 이를 위해 질문자의 명패에 어떤 직함이 명시되어 있는지, 다른 면접자들의 대답은 무엇이었는지, 회사가 원하는 대답은 무엇인지, 모르는 부분에 대해 어떻게 현명한 답을 내놓을 것인지에 대한 기획을 2초 동안에 완성해야 한다.

어떤 선택의 순간에도 기획이 필요하다. 상품을 구매하는 경우, 가격, 품질, 활용처, 효과 등 종합적인 'K'를 통해 'A'(여기서는 구매 결정)가 만들어지는 과정에서 해당 상품을 계산대에 올려놓고 지갑을 꺼내기까지 2초가 소요된다. 이때 기획자는 최종 결정을 위해 기획력을 발휘하게 된다.

회의나 미팅에서도 2초 기획이 필요하다. 어떤 의견을 놓고 부서 간 논

---

24) 2초 기획이 가능한 이유는 [POINT31]의 '기획 감수성'에서 추가로 설명된다.

쟁이 발생했을 때, 모두를 만족시킬 수 있는 제안을 올려놓는 것. 그것 역시 2초 안에 가능한 일이다.

부서 회의를 통해 '제안서를 작성해서 제출하자'는 결론에 이르렀을 때, 부서장은 "제안서는 이런 목차로 작성합시다"라고 말하며 그 자리에서 곧바로 목차를 제시할 수 있어야 한다. "첫째, '제안 의도'를 작성하고"라고 말하면서 동시에 2초간 다음 목차를 생각하면서 "그다음 '제안 개요'를 정리합시다"라고 말한다. 그다음, 그리고 또 그다음 목차를 제시할 때역시 2초를 각각 사용한다. 만약 부서장이 기획전문가의 역량을 충분히 갖추었다면, 어떠한 의제나 문제를 해결할 때에도 그 자리에서 즉시 목차나 해결 순서를 제시할 수 있어야 한다.

한 지하철 승객이 만취 상태로 지하철 승강장에서 비틀거리다가 발을 헛디뎌서 승강장 아래로 떨어진 경우, 그 사람을 안전하게 살리려는 '영웅'은 2초 동안 기획을 통해 위험에 처한 사람을 안전하게 살릴 수도 있다.

혹자는 이를 '기획'이 아닌 '판단'의 문제로 해석할 수도 있다. 그러나 '판단'은 'process of thinking'([POINT04])의 극히 일부만을 설명하는 것이므로 '기획'을 한다고 해석하는 것이 합리적이다.

PLANNING

제16장
사망 기획

1. 사망 기획의 필요성([POINT30] '사망 기획')

'사망 기획'이란 '사망에 대비한 기획'으로 정의할 수 있다. 그럼 사망기획은 왜 필요할까? 사람은 누구나 예외 없이 사망에 이르기 때문이다.

기획의 관점에서 사망을 앞두고 '바라는 것을 새기는 것'은 무엇일까? 바로 '유언장'이다. 유언(遺言)의 사전적 의미는 '죽음에 이르러 말을 남김. 또는 그 말'을 의미하며, 유언장은 그 말을 글로 적은 문서가 된다.

그런데 사실 사망은 언제 닥칠지 아무도 모른다. 그래서 20세가 넘으면 평상시에 꾸준히 사망 기획을 해야 하며 그 결과물이 바로 유언장이 되어야 한다고 필자는 말한다. 아프거나 병이 들어서 판단이 흐려질 때는 유언장을 제대로 작성할 수 없기 때문이다.

필자가 '사망 기획'을 강연 주제로 삼은 계기는 온 국민을 슬픔에 빠뜨린 2014년 4월 16일 발생한 '세월호 사건' 때문이었다. 당시 유가족들의 슬픔이 언론 인터뷰를 통해 계속해서 전해질 때, 필자가 공통적으로 메모한 내용은 '사랑한다는 말을 많이 못했다', '미안하다는 말을 못했다'였다.

그래서 누군가에게 꼭 해야 할 말을 평상시에 기록으로 남기고 가족과 사랑하는 사람들, 그리고 미안한 마음을 전달해야 할 사람들에게 그 마음이 진심으로 전달되도록 하는 데 사망 기획의 핵심 가치를 두었다. 방법은 기획자의 기획 의도에 따라 다양할 수 있다. 평상시에 편지를 써서 보관할 수도 있고, 워드 문서로 작성해서 파일로 보관할 수도 있다. 필자의 경우는 1년에 한 번씩 유언장을 업데이트한다. 고마운 사람들이 추가되고, 미안한 사람들이 추가되는 것이 보통이다(이렇게 작성하다 보면 고마운 사람들에게는 그 고마운 마음을 평상시에 전달해야겠다는 마음을 품게 되고, 미안한 사람들을 줄이기 위해 노력해야겠다는 다짐을 하게 된다).

여러분도 잘 알고 있는 것처럼, 유언장에는 많은 분야의 내용이 담긴다. 유산 상속과 같은 법적 문제를 시작으로 사망 이후에도 이루어졌으면 하는 바람들(예를 들어 장학재단 설립 등)을 적는 것은 물론, 정리해야 할 것들도 적지 않다(사실 요즘은 인터넷이나 SNS 계정도 삭제해야 하는 것은 아닌지 궁금해진다). 더불어 자손들에게 해주고 싶은 말도 남기고 싶어진다.

결국 사망 기획을 한다는 것은 사망의 슬픔을 겪게 될 주변 사람들의
아픔을 조금이라도 덜어주는 것과 함께 어떤 죽음이더라도 그 의미가 헛
되지 않도록 그 뜻을 글로 남기는 것에 그 의의가 있다고 할 수 있다.

2. 사망 기획하기

'사망 기획'을 제목으로 기획안을 작성해 보자. 어떤 목차를 가지면 좋
을까? 아래는 사망 기획안의 목차를 제시한 표다.

No.	목차	내용
1	사망의 정의	기획자가 생각하는 '사망'의 정의
2	삶의 역사	그동안 어떻게 살아왔는지를 정리
3	삶 속에서 얻은 교훈	살아오면서 느낀 점들 정리
4	삶 속에서 만난 사람들	가족, 친척, 친구, 동료, 선후배 등으로 구분해서 정리
5	잊지 말아야 할 사람들	특히나 고마운 사람들과 미안한 사람들을 정리
6	해주고 싶은 말들	가족을 향해, 사람들을 향해, 그리고 세상을 향해 하고 싶은 말을 정리
7	정리해야 할 것들	법적인 정리를 비롯해 주변 정리가 필요한 부분을 정리
8	장례식	어디서 어떻게, 어떤 분들을 모시고, 어떻게 장례식을 치렀으면 하는지를 정리
9	비문	묘비에 새길 글[25]
10	(보도자료)	사회적 지위가 있거나 오피니언 리더로 삶을 마감하는 경우 기사를 통해 세상에 전할 메시지를 정리
11	기타	기타 남기고 싶은 말 정리

〈표 17〉 사망 기획안 목차(예시)

---

25) 필자는 유언장에 비문을 이렇게 적어 놓았다. "사회의 모든 문제는 기획의 부재에서
비롯된다"-기획전문가 허영훈 여기에 잠들다-

위 표에서 제시한 대부분의 목차를 통해 작성된 내용은 기획자가 사망 후 장례식장에서 거행되는 장례식 절차 중에 사회자가 조문객들을 모시고 고인의 발자취와 그 뜻을 낭독하는 자리에서 의미 있는 대본으로 활용될 수 있다.

이 낭독 대본이 미리 작성되어 발표되는 것과, 사망 후 그 가족이 작성하여 발표하는 것은 진정성 차원에서 분명한 차이가 발생한다.

사망을 미리 기획한다는 것은 결코 쉬운 일이 아니다. 죽음은 잠깐이라도 생각하기 싫은 고통이자 아픔이자 슬픔이기 때문이다. 그러나 필자는 기획자 입장에서 '의미 있는 삶의 가치'만큼이나 중요한 것이 '의미있는 죽음의 가치'라고 믿기 때문에 사망 기획([POINT30])을 제안하는 것 역시 기획자의 책임이자 의무라고 믿고 있다.

PLANNING

제17장
기획의 습관

1. 기획은 습관이 중요하다.

건강을 유지하기 위한 식습관, 운동 습관 등 습관의 중요성은 모두가 잘 아는 사실이다. 건강에 해(害)가 되는 것들을 끊어내는 것도 습관에 포함된다. 그렇다면 성공을 위한 좋은 습관은 무엇일까? 여러 가지가 있을 수 있지만, 그 무엇보다 '기획을 습관화하는 것'이 가장 확실하고 중요하다.

'습관(習慣)'이란 '어떤 행위를 오랫동안 되풀이하는 과정에서 저절로 익혀진 행동 방식'을 말한다. 이것을 기획의 관점에서 다시 풀어쓰면, '기획을 오랫동안 되풀이하는 과정에서 저절로 익혀진 기획력'이라고 할 수 있다.

운동이 오랫동안 습관이 된 사람들의 특징을 나열해 보자.

첫째, 자신에게 적합한 운동과 그 필요량을 잘 안다.
둘째, 궂은 날씨에도 운동을 한다.
셋째, 출장을 가서도 운동을 한다.
넷째, 순차적으로 운동량을 늘인다.
다섯째, 항상 건강을 유지한다.

그렇다면 기획이 오랫동안 습관이 된 사람들의 특징은 어떨까? 이는 한 줄로 설명이 가능하다([POINT29]와도 연결된다).

"모든 일 앞에 기획을 둔다"

여기서 '일'은 '목표 달성' 또는 '문제 해결'을 위한 생각과 평가를 포함하는 일련의 모든 행위를 포함한다. 이것이 기획이 습관이 된 사람들의 공통점이다. 이 구조를 그림으로 표현하면 다음과 같다.

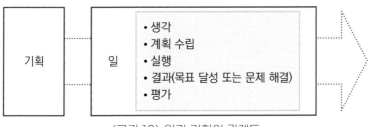

〈그림 10〉 일과 기획의 관계도

2. 기획을 습관으로 만드는 방법

먼저, 운동을 습관으로 만드는 방법은 무엇이 있을까? 그 중 대표적인 방법들을 정리하면 아래와 같다.

첫째, 운동만이 건강을 오래 유지할 수 있다고 확신한다.
둘째, 내게 적합한 운동과 그 방법을 알아내서 잘 익힌다.
셋째, 운동 시간을 정하고 철저히 지킨다.
넷째, 운동화, 운동복, 요가 매트 등 운동에 필요한 인프라를 갖춘다.
다섯째, 운동량과 횟수를 빠짐없이 기록한다.
여섯째, 반드시 식단 조절을 병행한다.
일곱째, 체중과 체지방 등 몸의 변화를 잘 관찰한다.

그렇다면 기획을 습관으로 만드는 방법은 어떤 것들이 있을까?

첫째, 모든 일 앞에 기획을 두면 반드시 목표를 달성할 수 있다고 확신
　　한다.
둘째, 기획을 올바로 이해하고 어떤 일에도 'KASH의 법칙'을 떠올린다.
셋째, 계획에 따라 기획하지 않고 그냥 기획한다.
넷째, 항상 펜과 종이를 준비하고 '서클의 확장'을 수행한다.
다섯째, 모든 자료는 파일(file)화해서 폴더를 구분해 컴퓨터에 저장한다.
여섯째, 모든 기획은 반드시 기획안을 작성한다.
일곱째, 내 조직과 주위 사람들에게도 기획에 대해 알린다.

어떤 생각이나 일을 습관으로 만드는 일은 결코 쉽지 않다. 그러나 좋은 습관은 삶을 보다 풍요롭게 만드는 원동력이 될 수 있다는 원칙에서 보면, 기획을 습관화하는 것은 나뿐만 아니라, 내 가족, 내가 몸담은 조직, 나아가 사회 모두를 풍요롭게 만들 수 있는 원초적 에너지가 될 수 있다는 점을 강조하고 싶다.

PLANNING

제18장
기획전문가 과정

1. 기획전문가 과정의 탄생

군(軍) 복무에 이어 대기업 기획팀을 거친 필자는 2006년부터 문화예술계에 뛰어들었다. 대기업의 기획력을 문화예술계에 심으면 '대박'을 낼 수 있다고 확신해서였다.

그러나 사업을 시작한 지 약 10년이 되는 시점에 그 생각은 사라졌다. 정답을 찾기 위해 기획하는 기업과 달리 문화예술계는 정답이 없는 기획을 해야 한다는 것을 깨달았기 때문이었다.

10여 년 동안 문화예술계의 다양한 기획안(공연, 전시, 축제 등)을 접하면서 가장 충격적이었던 것은 철저히 타당한 근거를 찾아 기획안을 작성하는 기업과 달리 문화예술계의 경우, 그야말로 '뜬구름' 같은 기획안이 대부분이었다는 점이다.

필자는 2007년 한 해 동안 연극, 뮤지컬, 넌버벌 퍼포먼스, 오페라, 클래식, 국악 등 공연을 혼자서 100편 넘게 관람했다. 돈을 벌 수 있는 공연을 직접 기획·제작·연출하기 위한 공부가 그 목적이었다. 그 당시 빈 노트를 들고 들어가서 어두운 객석에서 오감으로 느껴지는 모든 것들을 메모하기 시작했고 1년 동안 5권의 노트가 탄생했다.

노트에 적힌 내용들을 나름대로 분석하기 시작했고 나머지는 'RISS'[26)]에서 쉽게 찾을 수 있는 공연의 흥행과 관련한 다양한 학위 논문과 학술 논문을 통해 필요한 데이터를 수집했다.

그렇게 공연과 관련한 다양한 데이터를 분석하면서 한 가지 사실을 발견하게 되었다. 아무리 훌륭한 기획과 연출로 무대 위에 모든 것(출연진, 무대디자인, 음악, 조명, 효과, 안무, 소품, 대본, 가사 등)을 쏟아 부어도 흥행에 실패할 수 있다는 것이었다.

그래서 내린 결론은 '나는 정답을 알 수 없는 곳에서 최고의 기획자가 되어야겠다'였다. 그러고 나서 학습 자료와 강의 자료를 동시에 만들기 시작했다. 필자가 공부한 것을 그대로 많은 사람들에게 알리고 싶은 욕심

---

26) http://www.riss.kr/index.do

때문이었다.

2015년 누구나 들을 수 있는 '문화예술 기획전문가 과정'을 최초로 개설했다. 그 때 필자는 이미 공연기획 및 제작자이자 연출가로서뿐만 아니라 다른 회사의 사외 이사로, 예술 단체의 전문 위원으로, 인터넷신문사의 객원 기자로, 문화예술 칼럼니스트로, 방송인으로, 사회자로, 작사 및 작곡가로 동시에 활동하고 있었는데, 그 모든 것들이 기획의 비밀을 깨달은 후 만들어진 것들이었다. 한 우물만 파려고 했다면 결코 가질 수 없는 것들이었다. 그러나 불행히도 예술가처럼 한 분야에서 100점짜리 결과물은 없다. 그래서 필자는 대외적으로도 "나는 무엇이든 할 수있고, 다 80점짜리다"라고 말한다. 한 분야에서 100점을 차지하는 것보다 할 수 있는 모든 분야에서 다 80점을 맞는 것이 훨씬 더 행복하다는 것을 알기 때문이다.

그 결과 어떤 분야의 공연이든 기획하고 제작하고 연출할 자신이 생겼고, 음악가의 전문 분야인 음악 감독의 임무도 수행할 수 있었다. 미국 워싱턴 덜레스 국제공항(Washington Dulles International Airport)에서 한국문화원이 주최한 대통령 방미기념 패션쇼도 현지에서 연출할 수 있었고, 2곡을 작곡해 정규 음반에 실을 수 있었다. 그 외에도 다양한 분야에서 전문가다운 역량을 유감없이 발휘했고 그런 경력들은 대학의 강의로 자연스럽게 이어졌다.

2015년부터 시작된 대학 및 대학원 강의 과목명들을 나열해 보면 다음과 같다.

클래식 음악포럼	문화예술마케팅
문화예술과 창업	문화예술 행정과 정책
문화법과 저작권	공연기획과 마케팅
한류문화콘텐츠기획론	한류와 한국어

위 과목명들을 보면 문화예술 전반을 전문 영역으로 다루고 있다는 것을 알 수 있다. 한 우물만 팠다면 절대로 가르칠 수 없는 영역이다. 필자가 '법학'과 '문화예술학'을 전공하고 사단사령부에서 공보장교로 근무하고, 대기업 기획팀에서 근무하고, 국악팀을 이끌고, 공연과 음반을 제작하고, 다양한 문화예술행사를 기획하고, 다양한 예술단체를 위한 컨설팅을 맡아오면서 자연스럽게 생긴 역량 중 하나다.

문화예술학 박사 과정을 2016년에 수료한 후 5년이 지났다. 주위에서는 왜 박사 학위를 받지 않느냐고 물어본다. 학위가 있는 것과 없는 것의 차이를 필자도 물론 잘 안다. 그러나 기획전문가인 필자의 머리가 학위와 관련한 수많은 'K'([POINT18])를 확보하면서 내린 결론은 '지금은 필요 없다'였기 때문이다. 오히려 지도 교수님의 지도를 포함한 대학원 수업 자체가 필자에게는 학위보다 더 중요한 결과물이었다(사실 핑계일 수도 있다. 필자의 속마음을 필자 스스로가 이미 정한 핵심 가치에 가두었기 때문일 수도 있다).

기획전문가 과정은 결국 '남들이 행복이라고 믿는 길을 무작정 따라가지 말라'고 가르치는 교육 과정이다.

2. 기획전문가 과정의 주요 내용

(1) 기획전문가 과정 교재

기획전문가 과정(8주 정규 과정) 교재의 커버 페이지 다음에는 이런 짧은 글이 적혀 있다.

> **한국 사회의 가장 큰 문제는?**
> (   )

필자는 괄호 안의 정답을 이 책에서 공개하지 않을 것이다.[27]

그리고 그다음 페이지에는 '교재의 기능과 활용법'이 다음과 같이 적혀 있다.

---

27) 이 책을 읽은 사람들 중에 기획에 관한 중요성을 마음 깊이 이해한 사람에게만 정답을 제공한다. 힌트를 주자면 '의존 명사'고 '한 글자'다. 책에 제공된 e메일 주소로 책에 대한 짧은 감상평과 함께 본인이 생각한 답을 e메일 본문에 적어서 보내면 정답과 함께 선착순으로 '30분 동안 무료로 온라인 컨설팅을 받을 수 있는 기회'를 제공한다.

"본 교재는 기획전문가 허영훈의 오래된 경험과 노하우 및
그가 독자적으로 연구한 다양한 이론과 체계를 담고 있습니다.

본 자료의 내용들은 단순한 인문학 강의 수준을 넘어
삶과 業에서 성장과 발전을 꿈꾸는 모든 이들에게
자기 혁신을 이루는 만능열쇠와 같은 '기획'을 인식하고
보유하도록 하기 위한 지침서로 만들어졌습니다.

본 교재의 기능은

첫째, 강사로부터 배우는 강의 내용을 이해하는 데 도움이 되고,
둘째, 자기 스스로 고민하고 학습할 수 있게 하는
문제의식을 부여하는 기능과 함께,
셋째, 수강과 동시에 본 교재의 질문과 답변들을 자신이 속한 조직에
바로 적용시키도록 하는 과제 부여의 기능을 가지고 있습니다.

따라서 본 교재는 책꽂이에 모셔놓는 책이 아니라
항상 자신의 곁에 두면서 판단의 순간에 직면했을 때
올바른 방향을 찾을 수 있는 가이드로 인식하고
조직의 구성원이나 자녀와의 대화에서 습관처럼
활용할 수 있어야 합니다."

그다음에는 '기획전문가 과정 개설 의의'가 등장한다.

첫째, 기획의 본질과 기능을 이해한다.

둘째, 기획자의 역할을 안다.

셋째, 나도 기획전문가가 될 수 있다.

넷째, 기획의 습관을 퍼뜨린다.

이어서 '무엇을 배울 수 있는가?'를 볼 수 있다.

첫째, 기획의 최상위 개념을 이해한다.

둘째, 무엇이든 기획할 수 있다.

셋째, 1인 Workshop을 수행할 수 있다.

다음은 '무엇을 준비해야 하는가?'다.

첫째, 알았다고 생각하는 것들을 모두 버린다.

둘째, 학습의 중요성을 늘 인식한다.

셋째, 오답을 두려워하지 않는다.

넷째, 적극적으로 수업에 임한다.

다섯째, 스스로의 과제를 늘 고민한다.

마지막으로 '어떤 효과를 기대할 수 있는가?'가 나타난다.

첫째, 기획이 무엇인지 안다.

둘째, 혼자서 무엇이든 기획할 수 있다.

셋째, 어떠한 기획안도 작성할 수 있다.

넷째, 기획이 습관이 된다.

물론, 교육 대상에 따라 교재의 내용은 조금씩 바뀐다. 교재를 준비하기 위한 'K'가 달라지기 때문이다. 다시 말해, 필자의 강의 자료나 교재는 동일한 것이 하나도 없다. 그것이 다른 강사와 다른 점이다.

(2) 주차별 주제

기획전문가 과정은 8주 정규 과정이 기본이며, 주최 측의 요청에 따라 4주, 12주 과정 및 핵심만을 다루는 코어(Core) 과정이 있다. 8주 정규 과정의 기본 커리큘럼은 아래 표와 같다.

주차	주제
1	기획의 정의, 본질, 기능
2	기획자의 자질과 역량
3	기획의 구성 요소와 역할
4	보도자료, 계약서, 제안서
5	기획안의 이해와 작성
6	사례 분석[28]과 문제 해결
7	사례 분석 토의와 발표
8	기획의 습관

〈표 18〉 기획전문가 과정 8주 커리큘럼

---

28) 수강자들이 속한 조직의 실제 관련 사례를 분석한다.

만약 여러분이 기획에 관한 전문가라면, 어떤 것들을 주제로 가르칠 것인지 고민해 보는 것도 좋겠다. 우리 사회에 기획전문가는 많으면 많을수록 좋기 때문이다.

PLANNING

제19장
기획전문가 센터

1. '기획전문가 센터'란?

필자는 2017년부터 국내 대학에 '기획전문가 센터' 설치를 제안해오고 있다. '기획전문가 센터'란 '대학에 입학한 때로부터 졸업 때까지 '자기 혁신과 성장 기획'을 스스로 할 수 있도록 돕는 학교 내 총장 직속의 부속기관'을 말하며 교양 수업과 연계한 온·오프라인 시스템을 갖춘 기획 중심의 컨설팅 서비스를 제공하는 곳[29]이다.

---

[29] 조금 다른 뉘앙스를 가지고는 있지만 영어로 표기한다면 'Planning Driven Consulting Center'라고 할 수 있겠다.

2. 기획전문가 센터 설치 제안

대학 내 기획전문가 센터 설치를 제안하게 된 계기는 아래와 같은 문제의식에서 시작됐다.

첫째, 대학 졸업 후 진로 결정은 누가 하는가?
둘째, 청년 실업의 근본적인 대안이 일자리 창출인가?
셋째, '일'과 '업'을 이해하고 사회에 진출하는가?
넷째, 일자리 소개가 대학의 주된 역할인가?
다섯째, 일단 취업부터 하는 것이 해결책 맞나?
여섯째, 취업 특강을 잘 들으면 취업에 성공하나?
일곱째, 자기 혁신과 성장 방법은 어디서 교육하나?

위와 같은 질문을 통해 대학 내 다음과 같은 문제점이 도출되었다.

첫째, 전공과 교양 과목 간의 연계성이 없다.
둘째, 졸업 후 성장 전략을 가지고 있지 않다.
셋째, 대학은 차별화된 경쟁력 확보 방안을 가지고 있지 않다.
넷째, 취업, 창업, 대학원 진학 및 유학에 대비할 수 있는 교육과정이 없다.
다섯째, 학생 스스로 졸업 후를 준비할 수 있는 자기 관리 시스템이 필요하다.

3. 대학 내 개설 필요성

첫째, '자기 목표와 계획을 스스로 발전시키고 관리할 수 있는 교육 및 관리 시스템이 필요하다.'

대학에서 무려 4년을 공부했는데, 왜 졸업 후 진로가 막막하기만 할까? 그 이유는, 대학은 전공만 가르치고 학생들에 대한 '자기 목표' 확인과 '성장 계획' 관리에 무관심했기 때문이다.

둘째, 전공과 연계해서 폭넓게 알아야 하는 것들을 스스로 공부하게 하는 특별 교육 과정이 필요하다.

졸업 후 전공과 연계된 일을 하는 회사에 취업했는데, 왜 나는 아무 것도 모르는 걸까? 그 이유는 대학은 전공 교육에만 신경 쓰고 전공과 연계된 사회화 교육에는 소홀했기 때문이다. 특별 교육 과정은 학생들이 대학에 들어와서 더 많은 공부를 해야만 하는 타당성의 출발점이 된다.

셋째, 대학 내 융합적 사고와 성장 동력을 가동시킬 기획전문가가 없다.

너도나도 그렇게 외쳤던 '융합 교육'과 '신성장 동력'은 대학에 정말로 존재하는가? 취업자 숫자와 지침 준수에만 집중하는 교수들을 탓할 수는 없다. 이는 실제로 운영할 수 있는 적임자가 없기 때문이다. 학생들을 통한 대학의 성장 동력을 만드는 일이야말로 대학의 생존을 위한 가장 경제적이고 효과적인 경쟁력이 될 수 있다.

4. 기획전문가 센터의 기능과 가치

대학 내 기획전문가 센터가 개설되면 아래 표와 같이 그 기능에 따른
특정의 효과를 발생시킬 수 있다.

No.	기능 및 효과	가치
1	답습형 성장 및 고민 없는 진로 선택에서 탈피	사고의 전환
2	목표 수립 및 달성을 위한 지속적 자기 기획	체계적 지도 및 관리
3	문제 인식 및 해결을 위한 지속적 자기 관리	
4	교내외 프로젝트 및 과제 해결 능력 향상	학문적, 사회적 자기 역량 강화
5	전공별 심화 기획 훈련으로 경쟁력 확보	
6	취업 또는 창업을 대비한 업무 능력 사전 확보	

〈표 19〉 대학 내 기획전문가 센터의 기능과 주요 효과

그럼 위 표에 제시된 기획전문가 센터의 주요기능에 관해 보다 자세히
살펴보자.

첫째, 센터는 '답습형 성장 및 고민 없는 진로 선택에서 탈피'할 수 있도록
학생들을 돕는다.

대부분의 학생들은 대학에 합격하고 나면 큰 목표를 이루었다고 착각
하고 학점과 졸업장 정도만 신경 쓰고 정작 자기 계발과 혁신을 위한 활동

은 거의 하지 않는 것이 보통이다. 전공에 맞춰 어떤 경진대회나 콩쿠르 등에 나가서 수상한다거나 학과에서 이루어지는 대외 활동 정도는 학생의 자기 계발이나 혁신 활동과는 사실상 거리가 멀다. 자격증을 취득한다거나 '토익'과 같은 공인된 시험의 점수를 높이는 활동 역시 스펙을 쌓기 위한 '보이는 활동'에 불과하다. 센터는 학생들의 사고를 전환시킴으로써 대학을 졸업하지 않더라도 확신을 가지고 자기가 할 수 있는 일을 찾아 적극적으로 움직일 수 있게 하거나 전공과 무관한 길을 스스로 개척할 수 있도록 도움을 줄 수 있다.

둘째, 센터는 '목표 수립 및 달성을 위한 지속적 자기 기획'과 함께 '문제 인식 및 해결을 위한 지속적 자기 관리'를 할 수 있도록 학생들을 돕는다.

학생들은 대학 입학 후 센터가 운영하는 교양 필수인 '기획론' 수업을 온라인 또는 오프라인으로 8학기 동안 총 24학점을 수강하며, 1학년 중간고사 때 '자기 혁신과 성장 기획안'을 최초로 작성해 센터에 제출하고, 센터는 이 기획안을 4년 동안 중간고사와 기말고사 기간을 거쳐 집중적으로 관리한다.

해당 기획안은 센터와 센터 소속의 교수(기획전문가)들을 통해 지속적으로 피드백을 받고 업데이트되며, 센터는 기획안에 명시된 각각의 추진과제와 일정에 따라 학생들에게 모바일로 알람을 제공한다.

학생은 과목 수강 및 학점, 그리고 기획안 평가에 따라 1학년 때는 '그린

벨트(green belt)', 2학년 때는 '블루 벨트(blue belt)', 3학년 때는 '레드 벨트(red belt)', 4학년 때는 '블랙 벨트(black belt)'를 따야 졸업이 가능하다.

셋째, 센터는 학생들의 '교내외 프로젝트 및 과제 해결 능력 향상'과 함께 '전공별 심화 기획 훈련으로 경쟁력 확보' 및 '취업 또는 창업을 대비한 업무 능력 사전 확보'를 돕는다.

학생들은 전공 수업 외에 3학년 1학기까지 대내외 공모 사업에 개인 또는 팀 단위로 '1인 1지원'해야 하며, 전공이 확장된 영역에 도전하는 기회를 갖게 된다.

이를 통해 학생들은 기획안 작성에 익숙해지며 전공 외 다른 분야의 기획도 가능해질 뿐만 아니라, 재학 중 취업 또는 창업 준비 역량을 갖출 수 있게 된다.

5. 기대 효과

대학 내 기획전문가 센터는 4년 동안 아래 그림과 같은 프로세스로 학생들을 기획전문가로 양성하고, 학교는 기획전문가들의 동력원이 되어 시대에 부응하는 신성장 동력을 지속적으로 생산해 내는 발전소 역할을 하게 된다.

또한 센터는 '졸업생을 위한 산학 연계 프로그램'을 정기적으로 개최하여 졸업생들이 모교의 인프라를 활용한 창업 또는 콘텐츠 개발이 가능하도록 돕는다.

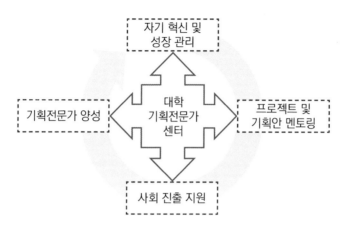

〈그림 11〉 기획전문가 센터의 기획전문가 육성 프로세스

위 표의 각각의 목적에 따른 세부 내용은 아래 표에 의한다.

No.	운영목적	효과
1	자기 혁신 및 성장 관리	● 4년간 자기 혁신과 성장기획안 업데이트 및 평가 ● 기획전문가 센터 상담 ● 대학 서버에 저장 및 관리로 성장 로드맵 관리
2	프로젝트 및 기획안 멘토링	● 자기소개서, 동아리 운영안, 프로젝트 추진안, 타과목 과제 등에 대한 e메일 또는 현장 멘토링
3	사회 진출 지원	● 보도자료, 계약서, 각종 제안서 등 문서의 이해와 작성 ● 취업과 창업을 위한 기획멘토링
4	기획전문가 양성	● 무엇이든 기획할 수 있는 기획전문가 양성 ● 기획하는 가정 만들기 무브먼트 전개

〈표 20〉 기획전문가 센터 운영 목적과 효과

이상과 같이 대학 내 기획전문가 센터 설립의 필요성을 다양한 'K'([POINT18])를 통해 살펴보았다. 중요한 것은 대학이 'A'([POINT19])를 가질 수 있느냐다.

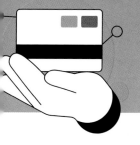

PLANNING

제20장
기획과 금수저

1. 자녀 교육과 기획

내 아이가 몇 살이 되면 부모와 '기획'을 매개로 한 소통이 가능할까?

우리는 '태교(胎教)'의 중요성을 잘 알고 있다. '태교', '임신 중의 엄마가 태아에게 좋은 영향을 주기 위해 마음을 바르게 하고 언행을 삼가는 일'을 말한다(이미 이 정의를 보더라도 우리는 태교에 대해 잘못 알고 있는 것들이 많다. 태교의 핵심은 정의된 바와 같이 엄마의 마음을 바르게 하는 것과 언행을 삼가는 일이 먼저지, 태아를 위해 좋은 음악을 듣거나 좋은 음식을 먹는 것, 또는 좋은 장소에 가는 것 등은 부차적인 것이라는 것을 알 수 있다. 이는 주위에서 들은 이야기만으로 그릇된 자녀 교육을 하고 있는 현재의 엄마들이 갖고 있는 문제점을 알 수 있는 부분이기도 하다).

태교가 가능한 기간은 '임신부터 출산'까지라고 할 수 있는데, 그렇다면 아이에게 기획을 가르쳐 줄 수 있는 때는 언제일까? 기획의 정의가 '바라는 것을 새기는 것'이라고 했으니, 그때는 아이가 '새길 수 있는 능력이 생겼을 때'라고 할 수 있다. 즉, 글을 쓸 수 있을 때다. 글을 쓴다고 하는 것은 읽는 것과 그 의미를 파악하는 것을 모두 포함한다.

어렸을 때 글을 배웠을 때를 떠올려보자. 한글의 자음과 모음을 소리 내어 읽으면서 하나씩 읽어보고 자음과 모음을 결합시켜 가면서 '학교', '자전거' 등 다양한 단어들을 익혀가는 것으로 시작했을 것이다. 그다음 동사와 명사, 형용사 등을 섞어가며 문장을 만드는 일일 것이다.

'나는 자전거를 타고 학교로 갑니다'와 같은 문장이다.

내 아이가 이 문장의 의미를 이해할 때가 바로 내 아이와 기획으로 소통할 때다. 그럼, 내 아이에게 매일 기획을 하게 도와줄 수 있는 방법은 무엇이 있을까?

첫 번째는 바로 '일기'를 쓰게 하는 것이다.

첫 번째, '일기'

초등학교 시절 방학 숙제로 썼던 일기가 생각난다. 매일매일 날짜와

날씨를 기록하고 하루 중 있었던 일을 일기장에 새겼다. 일기 쓰기가 귀찮아서 개학을 앞두고 몰아서 쓰다 보니 비슷했던 일을 다른 날짜에 또 적기도 했고, 성실히 기록한 친구의 일기장을 보고 날씨를 그대로 베꼈던 기억도 난다. 그런데 가만히 생각해 보면, 어린 시절 일기를 매일매일 잘 썼던 친구들은 뭔가 다른 부분이 있었다. 좀 착하다거나, 노트 필기를 잘했다거나, 책을 많이 읽었다거나, 공부를 잘한다거나, 글짓기 대회에 나가 상을 탄 그런 친구들이었다.

그럼 엄마가 아이에게 일기를 매일 정성껏 쓰게 하는 방법은 무엇일까? 분명한 정답부터 이야기하면, '엄마가 아이에게 일기를 매일 정성껏 쓰게 하기 기획안'을 작성하는 것이다.

위 기획안 제목을 구성하는 단어들 중에서 가장 중요한 것은 무엇일까? 제목을 만나는 기획자마다 핵심 가치가 다를 수는 있지만, 필자라면 '쓰게 하기'라고 말할 수 있다. '쓰게 하기'의 의미 속에는 '자발적으로', '기쁜 마음으로' 등이 포함되어 있고, 억지로 일기를 쓰는 것보다는 자발적으로 쓰게 하는 것이 무엇보다 중요하기 때문이다.

이를 위해 엄마는 기획자가 되어 각각의 단어에 대한 '핵심 가치'를 찾고 '서클의 확장'을 통한 다양한 방법들을 모색해야 한다. 여기서 아이가 가장 기쁜 마음으로 작성하게 하는 방법은 어떤 것이 있을까? 매일 잠자리에 들기 전에 아이 방에서 아이와 함께 오늘 있었던 일을 서로 이야기하고, 엄마도 똑같이 자신의 일기를 쓰는 것은 어떨까?

일기를 씀으로 해서 얻을 수 있는 효과는 다양하다.

먼저, 하루 중 있었던 일을 기억하면서 다양한 사실들을 정리할 수 있다. 또한 정리를 하면서 아쉬웠던 부분이나 잘한 부분에 대해 스스로 평가할 수 있는 기회를 가질 수도 있다. 아이가 엄마와 함께 이야기를 나누면서 소통의 장이 확대되고 엄마와 함께 작성하면서 재미도 느낄 수 있다. 정서적으로나 심리적으로도 아이에게 좋은 영향을 미치게 될 것이다.

이렇게 아이가 일기를 매일 쓴다는 것은 매일 기획을 하는 것과 같은 효과다.

두 번째는 '반성문'을 쓰게 하는 것이다.

두 번째, '반성문'

반성문은 목적이 분명한 문서다. 반성해야 할 것이 생겼을 때 그 사실 관계를 명확히 밝히고, 사실 관계 속에서 잘못한 점이 있었다면 그것이 어떻게 발생했고 그 발생 과정에서 무엇을 잘못했는지를 글로 작성하는 것이 반성문이다. 반성문은 또한 재발 방지를 위해 노력하겠다는 의지를 담는 것이 보통이다.

일종의 '벌'이라고도 할 수 있지만, '형벌'과는 전혀 다른, 스스로 반성하는 기회를 삼는 좋은 도구이자 방법이라고 할 수 있다.

초등학교 6학년인 아이가 아침에 학교를 갈 때 엄마가 이렇게 말한다.

엄마 "오후 6시에 아빠랑 집에서 저녁 먹을 거니까 6시 전까지는 꼭 집
     에 들어와야 한다. 약속!"
아이 "네, 알았어요, 엄마."

이렇게 엄마와 아이 간에 일종의 '계약'이 성립되었다. 그런데 아이가
미리 연락도 없이 7시가 넘어서 집에 왔다. 이 때 엄마는 아이에게 무슨
말을 하게 될까?

엄마 (큰 소리로) "너, 지금 몇 시니? 엄마가 6시 전까지 들어오라고 했
     니, 안 했니?"

그러면 아이는 고개를 떨구고 아무 말도 하지 못하게 된다.

이 장면을 기획하는 엄마, 기획하는 가정의 형태로 바꿔볼까?

엄마 "지금 7시 넘은 거 알지? 엄마, 아빠가 걱정하면서 기다리고 있
     었어. 얼른 손부터 씻고 밥 먹자. (웃으며) 밥 먹고 반성문 쓰는 거
     알지?"

물론, "밥 먹고 반성문 쓰는 거 알지?" 부분에서 '좀 무섭다'고 생각할 수도 있다. 그러나 위와 같은 사례는 지극히 아이와 부모가 소통이 잘되는 아주 이상적인 가정의 모습을 전제로 하고 있다.

그런데 여기서 중요한 것은, "너 반성문 10장 꽉 채워!" 또는 "너 밥 먹고 반성문 다 쓰기 전까지는 방에서 나오지 마!"와 같은 말을 엄마가 한다면, 이는 기획하는 가정의 올바른 형태는 절대로 아니라는 점이다. 이미 오래 전부터 아이와 함께 고민해서 정의한 '반성문'이어야 한다.

더 나아가 기획자 입장에서 반성문을 어떤 방법으로, 어떻게 활용하는 것이 내 아이의 성장에 도움이 될까? 우선, 작성 원칙을 아이와 사전에 상의하는 것이 좋다. 분량은 전혀 중요하지 않다. 다만 사실 관계를 보기 좋게(예를 들어 표로 작성) 정리하고, 그 안에서 발생한 문제점을 찾은 후, 그 과정에서 느낀 잘못된 점, 그리고 반성과 개선의 의지를 작성하는 정도로 하면 좋을 것 같다.

그다음에는 반성문을 가지고 발표하게 하는 것이 필요하다. 자신이 작성한 글을 상대방에게 잘 설명하는 '표현의 기술'을 익힐 수 있기 때문이다. 이러한 발표는 학교나 향후 직장 등에서 프레젠테이션을 잘하게 되는 원동력이 된다.

반성문 작성의 효과는 또 있다. 엄마가 만약 아이의 반성문을 잘 모아서 책으로 펴낸다면?

그 책이야말로 많은 엄마들이 읽고 싶어 하는 베스트셀러가 될 수 있을 뿐만 아니라, 아동 발달학과 같은 학문 분야에서의 중요한 연구 자료가 될 수 있다. 물론 저자 이름을 아이의 이름으로 한다면, 그 아이는 10대에 자기가 집필한 책을 갖게 된다. '바라는 것을 새겨서 얻는' 그야말로 최고의 선물이다.

세 번째는 '기획안'을 쓰게 하는 것이다.

세 번째, '기획안'

여기서 말하는 '기획안'은 이 책의 제13장에서 설명한 전문적인 기획안 영역은 물론 아니다. 기획안의 전문 영역의 극히 일부만을 반영한 '자기주장문' 정도로 해석하면 좋을 것 같다.

고등학생 자녀를 둔 평범한 가정에서 일어나는 일화를 그 예로 들어보자.

아이가 엄마한테 이렇게 말한다. "엄마, 나 다음 달부터 용돈 2만 원 더 올려주세요." 자, 여러분이 엄마라면 어떻게 답변하겠는가? 그냥 기분 좋게 "그래, 올려줄게." 또는 "네가 왜 돈이 더 필요하니? 지금도 충분한데."로 답을 할 것인가? 어떻게 답을 하는 게 좋을까?

기획하는 엄마는 이렇게 답변한다. "네가 왜 2만 원이 더 필요한지, 그

리고 용돈은 어떻게 관리할 건지 써서 발표해. 그 내용이 타당하면 엄마
가 올려줄게."

그러면 아이는 현재의 용돈이 얼마인데 어떻게 쓰고 있고, 어떤 측면
에서 부족한지, 그리고 시장 조사와 같이 친구 중 누구는 얼마, 누구는 얼
마 하며 그중에서 나는 평균 이하의 용돈을 받고 있다는 자료를 만든다.
그리고 설득력을 높이기 위해 앞으로 2만 원이 오르면 용돈 관리 대장을
기록하고 일부는 저축도 하겠다는 약속을 발표 자료에 담는다.

여기서 또한 중요한 것은 그 내용을 발표하게 하는 것이다. 기획안을
작성하고 그 타당성을 발표하는 자리와 다르지 않게 하는 것이다. 그것은
제9장에서 설명한 보도자료와 같이 사실의 증거 자료가 되고 신뢰의근
거 자료가 된다. 아이의 발표력이 향상되는 것은 말할 것도 없다. 기획안
의 성공은 상대방을 설득시킬 만한 자료를 얼마나 충실히 수집하고 의지
를 얼마나 잘 담았는지에 달려있기 때문에 이러한 기획안 발표가 반복되
면 대학에 진학하거나 취업 후에도 자신이 해야 할 일에 대해 비교적 빠
른 시간 내에 적응력을 발휘하게 된다.

지금까지 살펴본 자녀 교육과 기획의 관계를 충분히 이해하고 실천할
수 있겠는가? '말은 쉽다'고 할 수도 있다. 그러나 그런 대답은 여전히 기
획의 비밀과 그 힘을 부정하는 것이다. 진정한 기획자가 되려면 이 부분
에서도 '실천 기획'을 실행하는 것이 필요하다.

2. 내 아이를 '금수저'로 키우기

'금수저'라는 의미는 '부유하거나 부모의 사회적 지위가 높은 가정에서 태어나 경제적 여유 따위의 좋은 환경을 누리는 사람을 비유적으로 이르는 말'이다.

보통 금수저의 특성으로는 특별한 노력 없이도 부모가 아파트, 자동차와 같은 고가의 것들을 마련해주거나 부모가 대표로 있는 회사에 특별한 스펙 없이 정직원으로 취업하는 경우 또는 부모가 회사나 사업장을 마련해줘서 별다른 고민 없이 대표가 되는 경우를 말한다.

그러나 이러한 경우는 'K'([POINT18])와 'A'([POINT19]) 없이 'S'([POINT20])가 완성된 경우이므로 'H'([POINT21])가 만들어질 가능성은 대단히 낮다.

물론, 예외는 있다. 'S'만 주어진 이후에 'K'와 'A'를 확보하게 된 경우다. 그러나 이런 경우는 실제로 대단히 드물며 순서대로 확보하는 것보다 몇 배의 인내와 노력이 요구된다.

자, 그렇다면 내 아이를 진정한 '금수저'로 만드는 방법은 무엇일까? 아주 간단하다. '기획력'을 물려주면 된다.

위에서 설명한 자녀 교육 방법과 이 책의 제17장에서 소개한 기획하는 습관을 자녀들에게 물려주는 것, 그것이 내 아이를 진정한 '금수저'로 만드는 것이다.

결론적으로 누구나 '금수저'가 될 수 있으며, '기획력'이 가장 훌륭한 유산이라는 것을 절대 잊어서는 안 된다.

PLANNING

제21장
기획 감수성

1. '기획 감수성'의 정의

'감수성(sensitivity)'은 보통 '어떤 대상에 대한 감정적 반응'을 말하는데, 이는 지적 판단과 다르며 '받아들이는 정도' 내지 '능력'으로 해석되는 경우도 있다. 친구와 영화관에서 영화를 관람하고 나서 자신과 달리 눈물을 흘리는 친구에게 "너는 참 감수성이 풍부하구나"라고 말하는 경우를 그 예로 들 수 있는데, 그 친구는 영화가 전해 주는 스토리, 음악, 대사, 풍경 등 외부 대상에 대해 감정적으로 자극하는 정도 또는 해석하는 범위가 상대적으로 남다르거나 크다는 것으로 이해할 수 있다.[30]

---

30) 감수성을 인간 속성의 '나약함'으로 해석하는 학자도 있다. 그러나 이 책에서는 감수성이 가지는 기능적 측면과 긍정적 효과를 중심으로 설명하고자 한다.

그럼 '기획 감수성(Planning sensitivity)'이란 무엇일까?

Planning Sensitivity

[POINT31] '기획 감수성'

목표를 달성하기 위해, 또는 어떤 문제를 해결하기 위해 우리는 '바라는 것을 새기는 것'([POINT02])에 해당하는 수많은 고민과 작업을 거쳐야 한다. 그것이 우리가 이 책에서 '기획'을 공부하는 이유다.

그렇다면, 그런 기획에 대한 감수성, 즉 '기획 감수성'이란 무엇일까?

이를 기획의 정의와 맞물려서 풀이하면 아래와 같은 공식으로 새로운 정의(조작적 정의)가 만들어질 수 있다.

'바라는 것을 새기는 것'
+ '어떤 대상에 대한 감정적 반응'

위 공식에 따르면, '기획 감수성'의 의미는 '바라는 것을 새기려는 대상에 대한 감정적 반응'이 된다. 이는 어떤 목표나 문제를 기획의 시각으로 바라보려고 하는 감정적 반응으로 해석할 수 있다.

예를 들어, 조직 내에서 어떤 일을 수행할 때, 습관에 따라 먼저 움직이거나, 통상의 업무 매뉴얼이나 프로세스를 따르는 것, 또는 상관이 지시한 일처리 방향을 곧바로 적용시키기에 앞서 최상위 개념의 기획의 시각이 감정적으로 먼저 반응하는 것을 말한다.

2. '기획 감수성'의 중요성

기획의 감수성은 단순히 언제까지 일을 끝내야 한다거나, 시킨 일만 잘하면 된다거나, 일의 완료 후에 벌어질 일은 내 소관이 아니라는 식의 안일한 생각을 일의 시작점에서부터 제거할 수 있는, 일의 '핵심 가치'([POINT08])를 구성하는 도구가 된다. 또한 기획의 감수성은 이 책에서 성공의 법칙으로 제시한 'KASH의 법칙'에서 최초 'K'([POINT18])를 확보하려는 의지에 접근하기 위한 중요한 내적 동기가 된다.

필자가 이 책을 쓴 근본적인 이유는 기획을 제대로 이해하지 못하는 사람이 너무 많기 때문이었다. 그들이 기획을 올바로 이해할 수 있도록 하는 데서 출발했다. 하지만 기획을 어떤 특정 분야의 지식이나 정보로만 이해한다면 그 지식이나 정보가 필요할 때만 찾게 되는 소위 '장롱면허'[31]가 될 수도 있다. 기획이 무엇인지 알게는 되었지만, 막상 평상시에는 그 중요성을 잊어버리거나 실제로 사용하지 않게 되는 결과를 낳을 수 있다는 것이다.

---

31) 운전면허 자격을 취득한 후 오랫동안 운전을 하지 않은 사람의 면허증을 속되게 이르는 말

그러한 차원에서 기획의 감수성은 감동적인 외부 자극에 대해 누가 일부러 옆구리를 찌르지 않아도 눈물이 나는 것과 마찬가지로 본능적으로 반응하는 것을 말한다.

이러한 반응은 이 책의 제15장 '기획전문가'에서 언급한 '2초 기획'과 연결 지을 수 있으며 순간적인 반응만으로 2초 기획이 완성될 수 있다. 평상시 기획 감수성이 없다면 쉽게 이룰 수 없는 능력이다.

이렇듯 '기획 감수성'은 우리의 모든 일과 생활 전반에 적용되는 기획 중심의 감정적 반응이다. 목표 달성과 문제 해결 등을 최초로 인식할 때 중요한 역할을 담당하게 된다.

특히, '기획 감수성'은 자녀 교육 과정에서 직접 적용될 수 있다. 자녀 양육에 대한 다양한 경험과 성장 시기별로 나타나는 자녀들의 특성을 'K'([POINT18])로 대하기 전에 자녀들의 말이나 태도에 대한 부모의 '기획 감수성'의 정도에 따라 반응의 방법 및 문제 해결의 시기나 방향이 충분히 달라지기 때문이다.

3. '기획 감수성' 확장의 필요성과 방법

우리는 위에서 '기획 감수성'의 필요성을 인식했다. 그러면 이러한 '기획 감수성'을 확장할 필요가 있을까? 이는 'H'([POINT21])와 밀접한 관계가 있다. 성공을 유지시키는 데 필요한 습관을 만드는 원초적 반응이기 때문이다. 그렇다면 평소 어떻게 해야 '기획 감수성'이 확장될까?

첫째, 우선은 '무엇이든 새긴다'는 감각적 반응이 몸에 배도록 필기도구를 늘 가까이 한다. 통화, 미팅, 수강, 회의, 대화 중 항상 가까운 곳에는 메모장이나 노트, 그리고 펜이 항상 있어야 한다. 이를 위해 평상시 다이어리를 가지고 다니는 것을 권한다.[32)]

둘째, 다양한 경험을 하기 위해 노력한다. 뮤지컬 공연기획자가 공연기획을 위한 '기획 감수성'을 확장하기 위해서는 뮤지컬에 국한된 경험이 아닌, 연극, 무용, 클래식, 국악, 넌버벌 등 다양한 공연에 대한 관람, 공부, 실무 등 영역에서의 폭넓은 경험을 하는 것이 필요하다. 이는 자녀를 교육할 때 자녀들이 다양한 경험을 할 수 있도록 여행이나 스포츠 관람 등 부모들이 다양한 기회를 제공하는 것에 대한 중요성과 그 의미를 같이한다.

셋째, 주위의 모든 것들을 늘 기획의 시각으로 대하도록 노력한다. 아무리 작은 일이라 하더라도 '핵심 가치'([POINT08])를 본능적으로 생각하고, 가장 먼저 필요한 'K'([POINT18])가 무엇인지를 순식간에 생각해 내는 훈련을 반복적으로 수행해야 한다.

그래야 '기획'이 내 것이 될 수 있다.

---

32) 물론 디지털 시대에 맞는 다양한 저장용 디바이스를 활용할 수도 있다.

PLANNING

제22장
올바른 성공

1. '성공'의 의미

어쩌면 우리는 삶의 다양한 현장에서 성공하기 위해 움직인다. 실패하기 위해 움직이는 경우는 사실상 없기 때문이다. '성공(成功)'이란 목적하는 바를 이루는 것을 말한다.

그렇다. 우리는 목적을 가지고 살고 있고, 그 목적을 이루기 위해 노력한다. 좋은 대학을 가려는 목적, 좋은 직장에 취업하려는 목적, 돈을 벌려는 목적, 주택을 구입하려는 목적, 결혼하려는 목적, 자녀를 갖기 위한 목적 등 나이가 들어가면서 다양한 삶의 목적을 가지고 살아간다.

그런데 여기서 그 목적이 계속해서 순환되는 것을 발견할 수 있는데,

바로 '자녀'에 대한 부분이 그것이다. 한국 사회에서 흔히 일어나는 반복되는 질문을 살펴보자.

평소 잘 아는 동생으로부터 전화가 왔다. "언니, 첫째 어느 대학 들어갔어?" 그리고 그 아이가 대학을 졸업할 즈음에는 "언니, 첫째 어디 취업했어?" 그다음 이어지는 질문은 "언니, 첫째가 결혼할 때 되지 않았어?" 그다음에는 "언니, 첫째가 임신했다며?" 그 다음은 "언니, 첫째가 아들 낳았다며?"

아들을 낳은 그 첫째가 잘 아는 동생으로부터 전화가 왔다. "언니, 아들 어느 대학 들어갔어?" 그리고 그 아이가 대학을 졸업할 즈음에는 "언니, 아들 어디 취업했어?" 그다음 이어지는 질문은 "언니, 아들이 결혼할 때 되지 않았어?" 그다음에는 "언니, 아들이 2세 생겼다며?" 그다음은 "언니, 첫째가 아들 낳았다며?" "언니, 아들 어느 대학 들어갔어?" "언니, 아들 어디 취업했어?" 등……

위의 반복된 아는 동생과 또 다른 아는 동생의 질문 속에서 발견할 수 있는 공통된 키워드는 '대학', '취업', '결혼', '출산'이다. 언제부턴가 우리 사회에서 성공으로 여겨지는 중요한 것들이다. 맞다. 좋은 대학에 입학하고, 좋은 직장에 취업하고, 좋은 배우자를 만나 결혼하고, 건강한 2세를 출산했다면 누가 봐도 성공한 것이 맞다. 그러나 절대적 성공을 나열한 것은 분명 아니다. 그런 '분위기' 속에 우리가 살고 있다는 것을 말하고 싶을 뿐이다.

그러면 다음 그림과 같이 '성공'을 중심에 둔 '서클의 확장'([POINT15])을 통해 성공을 이루는 요소들을 가장 작은 원에서부터 큰 원까지 중요한 순서대로 작성해 보자.

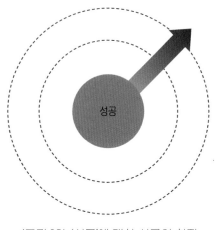

〈그림 12〉 '성공'에 대한 서클의 확장

여러분은 여러분의 삶 속에서 '성공'이라고 생각하는 것들 중에 가장 중요한 것은 무엇이라고 생각하는가? 가장 가까운 원에 가장 중요한 성공들을 적어 넣는다면 무엇을 넣을 수 있을까? 그렇다면 위에서 언급한 '대학', '취업', '결혼', '출산'은 각각 몇 번째 원에 속하게 될까?

물론 사람마다 다르다. 추구하는 목적과 이상이 다 다르기 때문이다. 그런데 중요한 것은 진정한 성공을 위해 정말 중요한 것은 무엇일까에 대한 고민이다.

그렇다면 예를 들어 '자유', '평화', '환경', '건강', '가족', '사랑', '보람', '희망', '나눔'과 같은 키워드는 성공에 대한 서클의 확장에서 얼마나 중요한 요소로 각각 몇 번째 원에 속하게 될까?

아마도 '대학', '취업', '결혼', '출산'이 적힌 원의 영역 안에서 위의 키워드들이 그 사이사이에 들어가고, 또 어떤 키워드는 가장 가까운 원에 위치하게 될 수도 있다. 중요한 정도의 순서가 바뀔 수도 있다는 것이다. 그럼 그 이유는 무엇일까?

바로 '성공'의 대상이나 그 목적을 최초로 설정할 때에 그 기준이 올바른 'K'로부터 만들어진 것이 아니라, 주위 사람들의 말이나 나도 모르게 의식하는 사회적 편견에서 비롯되었기 때문이다.

'기획'이 실제로 어려운 것은 근본적으로 '좋은 길'보다는 '옳은 길'을 만드는 데 적용되는 원칙이자 이론이기 때문이다. 그러나 대부분의 사람이나 조직이 기획을 통해 성공을 이끌어내려고 하는 것은 '옳은 것'과 관계없이 '좋은 것'을 만들어내는 것에 핵심 가치를 두기 때문이다.

현대 경영학의 창시자 피터 F. 드러커 박사는 '기업의 목적은 이윤 추구가 아니라 고객 창조'라고 했다. 그의 선언이 있기까지 우리는 아주 오랜 역사를 거치며 '기업의 목적은 이윤 추구'라는 답을 시험의 답안지에 적었다. 그러나 시대가 변하고 시장 환경이 변하면서 기업의 목적이 이윤 추구가 아닌 고객 창조라는 것을 많은 학자들이나 기업들이 받아들이기 시작했다.

이는 '고전 경제'에서 '행동 경제'로 이동했다고 하는 사실을 받아들이는 것과 같은 맥락이고, 코틀러 박사가 'Market 4.0'에서 제시한 4C 중에서 고객과의 공동 창조를 의미하는 'Co-creation'의 역할이 기업 주도의 마케팅보다 훨씬 더 중요해졌다는 사실을 받아들이는 것과 같은 맥락이다.

기획을 한다는 것은 결국 '올바른 것을 이끌어내는 것'과 같다. 그래서 기획은 하면 할수록 어렵고 힘들 수밖에 없다.

그래서 '올바른 성공'을 이루기 위해서는 가장 먼저 '올바른 기획'이 무엇인지를 깨닫고 실천하는 길밖에 없다는 것을 다시 한 번 강조하고 싶다. 이것이 '성공'과 '기획'의 올바른 관계다.

필자는 '올바른 기획'을 통해 여러분이 '올바른 성공'에 이르게 되기를 진심으로 바랄 뿐이다.

2. '성공적인 기획'의 역사적 사례

'이것이 성공적인 기획이다'라고 말하는 것은 사실 불가능하다. '성공'의 여부는 단편적인 결과물에 의한 것이 아니라 끊임없이 이어지는 과정과 더불어 계속해서 만들어지는 결과물을 수시로 평가해야 하기 때문이다. 그래서 '성공에 다다르는 것'이 아닌, '성공을 향해 끊임없이 달려가는 것'이라고 표현하는 것이 '기획과 성공'에 대한 올바른 해석이라고 할 수 있다.

이러한 원칙을 바탕으로 역사적으로 아주 오랫동안 '기획의 성공'을 유지해오는 것들이 있다. 이것을 필자는 성공적인 기획의 역사적 사례로 평가한다.

첫째, '성문법'이다. 성문법의 사전적 의미는 '문자로 적어 표현하고, 문서의 형식을 갖춘 법'을 말한다. 기획의 올바른 정의인 '바라는 것을 새기는 것' 측면에서 보면, 개인적 법익, 사회적 법익, 국가적 법익을 보호하는 것이 바로 '바라는 것'이고 그것을 문서로 정리하고 작성한 '법'이 바로 '새기는 것'에 대한 결과물이다. 법이 계속해서 제정되거나 개정되는 것 역시 위에서 언급한 '기획과 성공'에 대한 올바른 해석의 증거가 된다. 결국 '법'은 사회 구성원들 간의 '약속'이 되어 계속해서 지켜지게 되고 역사적으로도 성공적인 기획으로 항상 존재하고 있는 것이다.

둘째, '보험 약관'이다. 이미 앞에서 살펴본 바와 같이 'KASH의 법칙'([POINT17])은 보험업의 탄생과 역사를 같이한다. 오늘날에 이르기까지 그 기본적인 형태가 큰 변동 없이 유지되고 있는 화재 보험의 기원은 17세기로 거슬러 올라간다. 그렇다면 보험업이 계속 유지되고 특별한 위험 요소 없이 계속해서 유지되고 있는 이유는 무엇일까? 바로 '약관'이다. 보험금 지급 원칙 등 '바라는 것'을 '약관'이라는 것으로 새긴 결과다. 빈틈없이 작성된 약관 덕분에 보험업의 위험이 최소화되었다고 평가할 수 있다.

셋째, '성공한 기획'의 유일무이한 결과물이자 최고의 결과물은 바로 기원전 900년 무렵부터 9백 년이 넘는 기간 동안 쓰여진 '舊約全書(구약전서)'를 포함하는 기독교 '성경'이다. 성경은 율법서·역사서·예언서·시문학서 등으로 구성되어 있으며, 인류 역사상 가장 많은 판매량을 끊임없이 기록해오고 있다. 하나님이 '바라는 것'이 '올바로 새겨진' 결과물인 까닭이다. 이는 성경이 인류 역사상 가장 오랫동안 큰 영향력을 미치고 있는 이유이기도 하다.

제23장
기획의 '4C'

1. '기획 0.0' 시대가 제시하는 기획의 '4C'

이 책의 기획 의도와 제22장에서 언급한 필립 코틀러 박사는 'Market 5.0' 시대를 겨냥하며 그의 저서 《Market 4.0》에서 마케팅 믹스(marketing mix)의 새로운 개념으로 소비자 중심의 '4C(Co-creation, Currency, Communal Activation, Conversation)'를 제시했다.

이에 필자는 '기획 0.0' 시대가 요구하는 또 다른 '4C'를 '기획자의 내적 동기를 구성하는 4원칙'으로 제시하고자 한다.

Courage	Core	Concern	Change

첫 번째 'C'는 '용기'를 의미하는 'Courage'다.

기획자는 자신의 양심을 바탕으로 조직의 그 누구보다 용기 있게 기획을 수행해야 한다. 누군가의 눈치를 보거나, 'K' 확보의 어려움 때문에 소극적으로 임하거나, 핵심 가치를 외면하고 편한 쪽으로 움직여서는 절대 안 된다. 올바른 기획자를 육성하는 것은 곧 기획자에게 올바른 용기를 불어넣는 것과 다르지 않다.

두 번째 'C'는 '핵심'을 의미하는 'Core'다.

우리는 기획의 본질에서 '핵심 가치'([POINT08])의 중요성을 깨달았다. 중심을 찾는 일이야말로 기획자가 아니면 할 수 없는 일이다. 목표를 달성하고자 할 때, 문제를 해결해야 할 때 '핵심'을 찾는 것보다 중요한 일은 없다.

세 번째 'C'는 '걱정'을 의미하는 'Concern'이다.

기획안 발표에서 발생하는 질문은 곧 '걱정'을 가리킨다. 질문(concern point)이 없는 기획안이야 말로 가장 잘 작성된 기획안이고 완벽에 가까운 문서가 된다. 기획자는 예상 가능한 질문을 최대한 많이 만들고 걱정을 줄이는 일을 반복적으로 해야 한다. 기획안 제출 기한을 지키는 것([POINT23]) 역시 '걱정'을 해소하는 일에 포함된다.

네 번째 'C'는 '변화'를 의미하는 'Change'다.

기획자는 과거의 성공에 머물러서는 안 된다. 기존에 성공적으로 작성된 기획안을 일부만 수정해서 재사용하는 것은 '유지'가 아니라 분명한 '퇴보'다. 같은 주제로 기획을 하더라도 스스로를 변화시키고 결과를 바꿀 수 있는 변화된 과정을 거쳐야만 한다. 그래야 시대에 맞는, 고객의 요구에 맞는 기획이 만들어진다. 소위 '공무원 마인드'에 머물러 있는 기획자는 기획을 통해 어떠한 변화도 이끌어낼 수 없다.

2. '4C'는 'Attitude'다.

우리는 KASH의 법칙([POINT17])을 통해 'K'([POINT18])가 충분히 확보되었을 때 비로소 'A'([POINT19])가 생긴다고 배웠다. 그것을 'K'에 대한 '수동적 A'라고 한다면, 반대로 그 'K'를 확보하는 데 필요한 것 역시 'A'며, 이것을 '능동적 A'라고 할 수 있다. 이것을 도식화하면 아래와 같다.

다시 말해, '4C'는 'K'에 접근하기 위한 기획자의 'A'가 되며, 그 'A'를 이루는 것이 'Courage', 'Core', 'Concern', 'Change'라고 할 수 있다.

필립 코틀러 박사가 '4C'로 '마켓 4.0'의 핵심 키워드를 제시하는 데 성공했다면, 필자 역시 위의 '4C'를 '기획 0.0'의 핵심 키워드로 제시하고자 한다. 이것에 대한 공감과 적용 여부는 독자들에게 전적으로 맡긴다.

맺음말

이 맺음말을 쓰기까지 사실상 15년이 필요했던 것 같다. 이제 1인칭 시점으로 맺음말을 작성해볼까 한다.

'두뇌 명석하고 명랑 쾌활하나 장난기가 심하고 주의가 산만함'

지금도 기억하고 있는 나의 초등학교 가정 통신문에 적혀있던 담임 선생님의 종합 의견이다. 나는 지금도 그렇다. '세 살 버릇 여든까지 간다'는 속담처럼, 내 나이 80세가 되어도 나는 크게 달라질 것 같지 않다. 그렇게 살아온 내가 좋다.

내 인생은 남부럽지 않은 좋은 부모님을 만나는 것으로 시작됐다. 아버지는 공무원이셨고 어머니는 평범한 주부였다.

그런데 그 안에 비밀이 있었다. 아버지는 자기 소신을 굽히지 않는 분이었고, 무엇보다 업무에 대한 기획력이 그 누구보다 뛰어난 분이셨다. 보건사회부와 보건복지부를 거치면서 세 분의 대통령으로부터 연이어 표창을 받으신 것 외에도 한국의 의료 행정과 의료 서비스 질 향상을 위해 가장 앞에서 일하셨다.

아버지가 한 분야에서 최고의 기획자였다면, 어머니는 모든 분야에서 기획전문가셨다. 빈틈없는 살림을 하면서도 형과 내가 다니는 고등학교에서 자모회장을 역임하셨고, 혼자서도 정말 많은 일을 해내셨다. 집이 서울에서 경기도 신도시로 이사하면서 두 살 많은 형이 신설된 고등학교에 처음 입학했을 때 운동장 바닥은 정리도 되지 않았고, 나무 한 그루 없었으며, 교실에는 커튼과 선풍기도 없었다. 어머니는 지역의 기관장과 유지들을 두 발로 걸어다니며 만나셨고 교육환경의 중요성을 역설하며 그것들을 모두 후원으로 해결하셨다. 크고 작은 선거가 있을 때마다 여당과 야당 할 것 없이 많은 분들이 어머니를 만나 조언을 구할 정도로 어머니는 남다른 식견과 판단력을 가지고 살아오셨다.

어렸을 때부터 "너는 못하는 게 뭐니?"란 소리를 가장 많이 들으며 스스로 잘난 척 살아 온 내 인생에는 그러한 부모님의 공통된 '기획력'이 항상 든든하게 뒷받침하고 있었다. 특히, 아버지는 정직한 'K'([POINT18])를, 어머니는 나에게 올바른 'A'([POINT19])를 가르쳐주셨다.

유치원 때부터 고등학교까지 콩쿠르 참가, 학급반장, 오락부장, 전교

지도부장, 육상부 선수, 배구선수, 보이스카웃, 해양소년단, 해외연수, 여행, 캠프, MT, 가요제 참가, 농구와 야구 동아리 등 하고 싶은 건 다 했다. 부모님이 모두 허락하셨기 때문이다. 여섯 살 때 바이올린을 배우기 시작했고, 초등학교 6학년 때 기타를 독학하면서 작곡을 했고, 고등학교 때 집에서 피아노를 독학할 수 있었던 것도 부모님의 적극적인 '자녀 교육 기획' 덕분이었다. 그러기 위해 어머니는 특히 많은 고생을 하셨다. 그것들을 일일이 다 열거할 수는 없지만 자존심이 강하셨던 어머니는 그것을 숨기면서도 많은 것들을 이루셨다.

그러한 부모님의 역할을 이 책에 쓰여진 '기획'으로 풀이하면, 자식에 대한 부모님의 '핵심 가치'([POINT08])가 늘 한결같았고, 자식들이 공부와 인생에 대한 올바른 'A'([POINT19])를 갖출 수 있도록 늘 새로운 'K'([POINT18])를 공급해주셨다. 어머니는 집안에 어려움이 있을 때마다 항상 '백지 상태'([POINT09])에서 처음부터 바라보셨다.

내년이면 산수(傘壽)가 되시는 아버지는 지금도 대형 종합병원을 설립하기 위한 'Before A'부터 'After Z'([POINT06])까지의 모든 것들을 빠짐없이 기획안에 담아내신다. 아마도 '일'과 관련된 나의 기획 유전자는 아버지께서 물려주신 듯하다.

한편, 어머니는 아직도 '자식에게 못해줘서 미안하다'는 말씀을 하신다. 그러나 그러한 'K'([POINT18])는 내게 전혀 와 닿지 않는다. 이미 부모님에 대한 감사함이 뼛속까지 굳건한 'A'([POINT19])로 자리하고 있고, 부모님을 사랑하고 존경하는 마음([POINT20])이 늘 변하지 않기([POINT21]) 때문이다.

이렇듯 나의 부모님은 내가 이 세상에서 가장 존경할 수밖에 없는 분들이다. 하나뿐인 미국에 사는 나의 형도 내가 이 자리에 서는 데 큰 도움이 되었다. 한국에 있는 나보다도 부모님을 더 챙기는 형이다. 부모님의 기획으로 미국 보스턴으로 유학 가 명문 대학과 직장을 거쳐 건실한 가정을 지켜가고 있는 모범 가장이다. 두 딸을 플로리다주(State of Florida) 전체에서 최상위 클래스에 올려놓은 형과 형수의 '자녀 교육' 기획력을 널리 자랑하고 싶다.

보통 책을 마무리하며 감사의 마음을 전하는 작가들의 글을 읽으면서 '어떤 마음일까?'를 생각해보곤 했다. 지금 내게 그 마음을 묻는다면 나는 "다행이다"라고 답하고 싶다. 가장 오랫동안 기획한 작업이었고 이상하리만큼 느린 속도로 움직여왔다. 그러면서 옆에서 기대하는 사람들에게 책이 곧 나올 거라는 '희망 고문'을 던지기도 했다. 사업을 하며 지난 15년 동안 얻은 것은 '빌 게이츠'보다도 더 많다고 자신 있게 말했지만, 세상을 위해 내놓은 것은 과연 무엇인지에 대한 부끄러움이 있었다.

이 책은 세상을 위한 나의 첫 선물이다. 그 선물을 내어줄 수 있어서 정말 다행이다.

더불어 감사해야 할 분들이 정말 많다. 여기서 일일이 열거하지 못하는 것이 크게 아쉽지만, 가능하면 그 분들은 직접 만나 이 책을 전하며 감사함을 표하고 싶다.

한편, 이 책을 통해 감사한 마음 이상으로 미안한 마음을 꼭 전해야 하는 대상이 있다. 바로 둘도 없는 내 가족, 그리고 지금 내가 사랑하는 내 짝꿍이다. 이 책이 감사함과 미안함을 전하는 진정성의 중심을 대신할 수는 없지만, 그 마음을 평생 잊지 않고 살아왔다는 소중한 근거로 제시하고 싶다.

끝으로, 보다 많은 사람들이 이 책을 통해 '기획'의 중요성과 그 비밀을 알았으면 좋겠다. 사회의 모든 문제는 '기획의 부재'에서 비롯되기 때문이다.

2021년 4월 4일
기획전문가 허영훈

"나를 지으시고, 부르시고, 보내신 하나님께

모든 영광을 돌립니다."

추천의 글

(가나다 순)

"대학원 연구 시절 동기이자 친구인 저자는
문화예술과 비즈니스 영역을 조화롭게 기획할 수 있는 연금술사다.
수많은 기획 경험과 키워드를 제시할 수 있는 전문가지만,
그의 기획이 늘 새로운 것은
대상을 대하는 선한 태도(attitude)일 것이다.
그것이 저자의 기획이 특별한 이유고,
내가 그를 존경하는 이유다."

- 강석태 / 문화예술학 박사, 수원대학교 음악융합학과 객원 교수 -

"기획이란 모든 영역에서 가장 필수적인 나침반 역할을 한다.
이 책은 실질적 분야에 적용할 수 있는
기획법과 그 전략을 제공하며,
치열한 경쟁 속에서도 목표를 향해 꾸준히 전진할 수 있는
길잡이가 되어 줄 것이다."

- 구보경 / 예술경영학박사, 서울디지털대학교 문화예술경영학과 교수 -

"당연하게도 기획 없이 인생에게 덤벼본들
계획만으론 힘이 없어 금세 주저앉게 된다.
나의 길을 걷고자 하는 당신!
계획 이전의 기획이 당신에게 미지의 세계라면
이 책을 반드시 들여다봐야 한다."
김헌준 / 비보이 진조크루 대표

"누구나 한 번쯤은 경험했을,
'첫 단추'를 잘못 끼웠을 때의 그 허망함.
허영훈 교수님은 예술을 전공하는 학생들에게
'첫 단추'와 같은 '기획'의 중요성을 가르쳐 주셨고,
그 덕분에 저의 제자들이
예술가로서의 삶을 기획할 수 있게 되었습니다.
이 책을 통해 여러분의 인생을 기획해 보시면 어떨까요?"
- 박영주 / 세종예술고등학교 예술부장 -

"'매일매일 기획을 하라'는 작가님의 강의가
세월을 거치는 동안 생활의 습관이 되었습니다.
덕분에 저는 지금 어제보다 훌륭한 삶을 살고 있습니다."
- 박옥순 / 경주시청 일자리창출과장 -

"눈을 돌리면 일을 꾸미고 있는 허영훈 교수가
그동안 경험하고 실행하며 축적한 기획 백과사전을
세상에 공개한다.
많은 사람들이 '어떻게 기획하지?' 고민에 빠졌을 때,
구체적인 도움이 될 것 같아 반갑다."
- 이경숙 / 언론학 박사, 고려사이버대학교 문화예술경영학과 교수 -

"다양한 사업을 하면서 느낀 건 본질은 기획이라는 점이다.
기획의 정의와 본질을 학교에서 배운 적이 없기에
많은 시행착오가 있었다.
이 책은 어떤 일을 기획할 때
더 정확한 본질에 다다를 수 있게 도와준다."
- 이서진 / LSJ컴퍼니 대표 -

"보이지 않는 것을 분명하게 보이도록 만드는 분이 있습니다.
새로운 것을 더 탁월하게 만드는 힘,
진짜 기획력을 가진 분이 있습니다.
허영훈 대표님의 다양한 삶은 아마도 이러한 기획력이 있었기에
꿈꾸고 또 완성되지 않았나 하는 생각이 듭니다.
이 분의 책을 추천하는 이유,
본인의 삶으로 기획을 직접 증명하기 때문입니다."
- 이효진 / MBC 스피치 최고위 과정 교수 -

"허영훈 교수의 <세상에 없던 '기획', PLANNING 0.0>을 통해
'내가 주도하는 나의 삶'을 실현해보시길 기원합니다."
- 정재훈 / 해프닝피플 대표 -

"지금도 초록창에 기획안 샘플을 검색하고 있는 그대에게
추천하고 싶은 책.
아무도 가르쳐주지 않았던 기획, 전공도 분야도 관계없이
어디서부터 시작해야 하는지, 무엇을 작성해야 하는지 등
이 책은 누구나 기획자의 눈으로 기획하는 방법을
자연스럽게 터득하는 방법을 알려준다. 기획은 훈련이다!"
- 조아라 / 마케팅 스페셜리스트 -

"훌륭한 예술가가 되기 위해서는
먼저 기획하는 예술가가 되어야 한다는 것을
교육계와 예술계 모두가 이 책을 통해
하루 빨리 깨달았으면 하는 바람입니다."
- 조정아 / 음악학 박사, 가야금앙상블 '담현' 대표 -

"세상에 없던 기획, 본질과 가치,
그리고 국민 모두가 알아야 할 기획의 진정한 의미!
이게 뭐지? 모른다면?
인생이 바뀔 수 있다! 이 책을 통해 배우고
깨달으며 지금부터 시작!"
- 홍은이 / 용서천고등학교 교사 -

불확실성의 시대!
기획은 스스로의 삶을 이끌어줄 나침반이자 내일의 등대다.
늘 기획하라. 기획을 놓지 마라.
기획을 놓는 그 순간 스스로 멈춘다.
기획은 스스로를 되돌아보게 한다.
내 자신이 어디에 있는지,
무엇을 향해 나아가야 하는지 말해준다.
기획은 나 자신과의 쉼 없는 대화다.
지금까지 우리가 알던 기획은 잊어라.
여기 '기획'의 본질에 천착한,
그래서 익숙한 듯 낯선 '기획'이 우리 앞에 왔다.
오늘, 우리의 삶이 달라진다.
이 책으로 인해 우리네 세상도 새로워질 것을 기대해 본다.
절망과 좌절을 넘어 다시 희망을 품게 해준
친구 허영훈에게 무한한 존경과 감사의 마음을 전한다.
- 저자 허영훈의 軍 동기 -

저자 소개

허영훈 (1971년 서울 출생)

1. 학자적 역량

- 법학사, 법학 석사, 법학 박사 수료

- 문화예술학 박사 수료

- 前 국민대학교 강사

- 前 iNEG연구소 수석연구원

- 前 한국인재교육개발원 외래교수

- 前 한림대학교 글로벌협력대학원 겸임교수

- 現 고려사이버대학교 문화예술경영학과 겸임교수

- 現 서울디지털대학교 문화예술경영학과 객원교수

- 現 서울영재아카데미 책임교수

- 現 기획전문가 아카데미 책임교수

- 現 한국문화콘텐츠연구소 수석연구원

2. 조직적 역량

- 前 제22보병사단 사령부 정훈공보부 공보장교(육군정훈공보사관 17기)
- 前 삼성전자 반도체 기획팀(삼성전자 공채41기)
- 前 (주)원업엔터테인먼트 기획총괄이사
- 前 (주)카그예술기획 기획총괄이사
- 前 브라움 매니지먼트 기획이사
- 前 (주)시그마체인 홍보이사
- 前 댄허커뮤니케이션즈코리아 대표
- 前 (주)이든마케팅커뮤니케이션 기획이사
- 現 비보이 '진조크루' 기획이사
- 現 레지나 갤러리 기획이사
- 現 댄허코리아(danhurkorea.com) 대표

3. 창조적 역량

- 前 뉴스컬처 기자/칼럼니스트
- 前 뉴스인 기자/칼럼니스트
- 現 퍼블릭뉴스 문화부장/기자
- 現 국악앙상블 아라연(ARAYUN) 대표
- 現 서울모네챔버오케스트라(Seoul Monet Chamber Orchestra) 대표
- 現 최고의 젊은 국악인상 대회장
- 現 공연기획 및 연출가
- 現 작사 및 작곡가
- 現 음반 프로듀서

- 現 방송인
- 現 사회자
- 現 합창 지휘자

4. 대외적 역량

- 前 극동아트TV 초대전문위원
- 前 국립국악고등학교 발전위원회 심의위원
- 前 (사)문화예술진흥협회 전문위원
- 前 (사)한국미용교육학회 기획 전문 강사
- 前 현대차 정몽구재단 온드림스쿨 강사
- 前 (사)간건강협회 교육이사
- 前 (사)동두천 락페스티벌 조직위원회 이사
- 現 (사)대한브레이킹경기연맹 법률자문
- 現 법무법인강남 문화예술분야 전문위원
- 現 한국콘텐츠진흥원 전문가(평가위원)
- 現 의정부시 선거관리위원회 위원
- 現 의정부시 선거관리위원회 방송토론위원회 위원

5. 가치적 역량

- '97 육군정훈장교 OBC교육(국방정신교육원) 최우수상(국방부장관상)
- '00 삼성전자 공채41기 신입 사원 연수 최우수상(삼성그룹상)
- '04 삼성전자 반도체 6Sigma 과제(계약 관리 시스템) 사업부장상
- '10 스포츠서울, 소비자 신뢰 Top브랜드 대상(문화예술컨설팅부문)

- '11 세계일보, '주목, 이 사람' 인터뷰
- '14 창조경영인 대상(미래지식경영원)
- '15 대한민국 인성교육 대상(국회헌정기념관/조직위원회)
- '15 제1회 INAK 창조예술상(한국프레스센터/대한인터넷신문협회)
- '16 대한민국 교육공헌 대상(국회의원회관/조직위원회)
- '16 인물지식저널 '위클리 피플' 인터뷰
- '19 INAK 언론상 최우수 기자상(대한인터넷신문협회)
- '22 제3회 공공디자인 슬로건 국민 공모 1등(특별상/문화체육관광부)